PAIS PRESENTES, FILHOS FELIZES

PAIS PRESENTES, FILHOS FELIZES

Larry Keefauver

Editora Atos

	Keefauver, Larry
K26	Pais presentes, filhos felizes/ Larry Keefauver; tradução de Célia Regina Chazanas Clavello. – Belo Horizonte: Editora Atos, 2006.
	160 p.
	Título original: Proactive Parenting - the early years
	ISBN 85-7607-083-9
	1. Família. 2. Pais e filhos. 3. Educação cristã. I. Título.
CDU: 249	CDD: 248.4

Publicado originalmente por
Your Ministry Conseling Servises (YMCS)
Copyright © 2006 por Editora Atos
Todos os direitos reservados

Revisão
Roseli de Jesus Agnello

Capa
Julio Carvalho

Primeira edição
Novembro de 2006
Reimpressão da Primeira edição
Julho de 2010

Nenhuma parte deste livro pode ser reproduzida, arquivada ou transmitida por qualquer meio – eletrônico, mecânico, fotocópias, etc. – sem a devida permissão dos editores, podendo ser usada apenas para citações breves.

Publicado com a devida autorização e com todos os direitos reservados pela EDITORA ATOS LTDA.

Caixa Postal 402
30161-970 Belo Horizonte MG
Telefone: (31) 3025-7200
www.editoraatos.com.br

Agradecimentos

À minha esposa Judi, cujo encorajamento permitiu a finalização desse projeto.

*Ao pastor H. Kong e Sun
Igreja City Harvest
Cingapura*

*Ao pastor Sam Hinn e Erika
The Gathering Place Worship Center
Parceiros da YMCS*

Com amor às sementes
de nossas sementes

Judah
Asher
Stone
E *todos que virão!*

SUMÁRIO

Prefácio 11

SEÇÃO 1 – TREINANDO

Introdução – Seja um pai ou mãe presente, dirigido
    pela presença de Deus 15

PRINCÍPIO 1
Abençoando para seu filho ser uma bênção 21
Lista de verificação 25

PRINCÍPIO 2
Formando um caráter temente a Deus 27
Lista de verificação 32

PRINCÍPIO 3
Transferindo uma atitude de adoração 33
Lista de verificação 37

PRINCÍPIO 4
Introduzindo uma atitude de servo 39
Lista de verificação 43

PRINCÍPIO 5
Firmando e equipando na Palavra 45
Lista de verificação 50

PRINCÍPIO 6
Estabelecendo limites 51
Lista de verificação 58

PRINCÍPIO 7
Sonhando juntos 59
Lista de verificação 61

SEÇÃO 2 – VALORIZANDO SEU TESOURO

Valorizando sua herança do Senhor 65
Valorizando o temperamento 69
Valorizando as provações, aflições e dificuldades 81
Compreendendo o desenvolvimento da alma nos
primeiros anos 83

SEÇÃO 3 – ENSINANDO

Introdução – Ensinando a Palavra de Deus 97

Doze idéias de Deus para filhos 99

Um pensamento final 129

Apêndice 1 – Fases de desenvolvimento da criança 131

Apêndice 2 – Características da criança conforme
a ordem de nascimento 143

PREFÁCIO

Parece que foi ontem que eu estava trabalhando como enfermeira numa UTI para recém-nascidos. Eu amava cada pequena vida que podia tocar e cuidar. Podia ver em primeira mão a importância das vozes e rostos familiares, do toque, da oração e da perseverança em situações que freqüentemente pareciam causas impossíveis.

Sendo responsável pelo cuidado de bebês prematuros e criancinhas doentes, passei a valorizar ainda mais o fato de nossos três filhos poderem facilmente receber um toque, o ensino, a segurança, nossa comunicação, e então, crescerem normalmente, sempre felizes. Contudo, eu ainda tinha pouco conhecimento e compreensão de certos desafios que envolvem a vida dos pais.

Havia várias perguntas em minha mente:

- Quem são essas pequenas crianças confiadas a mim?
- O que elas necessitam para serem felizes?

- O que poderia fazer para prepará-las para a vida e não lhes causar danos?

Assim, muito do que está escrito neste livro preparará você para vencer seus próprios sentimentos de inadequação e desfrutar da jornada, não caminhando em medo ou ignorância. Você não terá que reagir a cada situação com uma crise, mas será preparado pelo Senhor para ser um pai ou uma mãe presente. Você não terá que imitar simplesmente as tradições que seus pais lhe transmitiram. Ao invés disso, aprenderá muitos dos *o quê, por quê, quando, onde* e *como* que nos prepararam para sermos pais sempre presentes.

Minha oração é que esse material efetue mudança nas gerações que se seguem, originando famílias saudáveis e felizes que reproduzirão outras tantas também saudáveis e felizes. É tempo de acertar!

JUDI KEEFAUVER, R. N.

SEÇÃO 1
TREINANDO

Sete princípios para pais presentes, dirigidos por Deus, para a infância de seus filhos

"Instrua a criança segundo os objetivos que você tem para ela, e mesmo com o passar dos anos ela não se desviará deles."
Provérbios 22.6

INTRODUÇÃO

SEJA UM PAI OU MÃE PRESENTE, DIRIGIDO PELA PRESENÇA DE DEUS

O que significa ser um pai ou mãe presente, dirigido pela presença de Deus? A seguir estão algumas qualidades essenciais.

1. Pais dirigidos por Deus são cheios do Espírito de Deus (Efésios 5.18). Ser dirigido por Deus significa ser um pai (ou mãe) que deseje falar somente o que Deus quer que seja dito e fazer somente o que quer que seja feito em relação aos filhos.

2. Deve haver oração, estudo bíblico, adoração, serviço, disciplina espiritual e uma fome constante pela presença de Deus em você como pai ou mãe.

3. Pais presentes, fortalecidos pela presença de Deus, buscam a maneira de Deus antes de tomar decisões e agir.

4. Sendo presente, um pai terá uma visão ampla sobre o futuro do filho, compreendendo que tudo que é semeado hoje trará uma colheita futura na vida dele.

5. Ao escolher ser presente ao invés de ausente, um pai é dirigido por Deus, ao invés de reagir impulsivamente às emoções, palavras, ações ou situações.

6. Antes da fundação do mundo, cada um de nós estava na mente de Deus. Antes da fundação do mundo, o destino de Deus para nós já era a salvação através de Jesus Cristo. Antes da fundação do mundo, você e eu já estávamos no plano eterno de Deus para o universo.

Únicos, especiais, planejados, não acidentais, propositadamente criados e amados. Todas essas palavras, e muitas outras mais, descrevem como fomos criados de forma assombrosa e maravilhosa (Salmo 139).

Algumas mulheres dizem que tiveram uma "gravidez não planejada", mas não existem bebês não planejados. Deus sabe os propósitos e planos que tem para cada criança que já foi ou será concebida e nascerá. Não importa quais circunstâncias estejam presentes no nascimento, mas uma coisa é certa: ninguém é um acidente. Todos são concebidos e nascidos dentro do eterno desígnio de Deus, nosso amado Pai.

Antes da concepção e do nascimento

Muito antes do nascimento, os pais precisam começar proativamente a buscar a presença de Deus orando em favor dos propósitos, planos e do desenvolvimento da criança que será concebida, nascerá, será alimentada, treinada, educada e liberada para ser um adulto maduro, plenamente equipado, caminhando no temor do Senhor.

O que é um processo de paternidade e maternidade presente? Pais dirigidos pela presença de Deus têm que ser cheios do Espírito Santo (Efésios 5.18). Ser cheio do Espírito é como um barco, cujas velas são impedidas pelo vento. O fôlego ou o sopro de Deus (*ruach*, em hebraico) sopra sobre a vela das nossas vidas, fortalecendo-nos para "irmos" quando Deus "for" (Êxodo 33).

Sendo cheios, guiados e fortalecidos pelo Espírito, pais dirigidos por Deus somente irão onde o Pai disser: "Vá". Isso significa que pais presentes e tementes a Deus fazem somente o que o Pai faz, e dizem apenas o que o Ele diz. Jesus disse: "Pois não falei por mim mesmo, mas o Pai que me enviou me ordenou o que dizer e o que falar. Sei que o seu mandamento é a vida eterna. Portanto, o que eu digo é exatamente o que o Pai me mandou dizer" (João 12.49-50).

Muito antes da concepção, pais dirigidos pela presença divina, pais presentes, entram na presença de Deus através da oração. Juntos eles tomam várias decisões.

1. Perguntam quando Deus quer que comecem sua família.

2. Começam a preparar um lugar para a nova criança, em sua casa e em seus corações.

3. Selecionam um nome para o filho que virá. O desejo é fazer desse nome uma bênção. Um nome abençoador invoca vida e prosperidade sobre uma criança, sempre que for mencionado.

4. Nunca param de orar pelo bebê que virá.

5. Oram individualmente e juntos. A oração de concordância entre marido e esposa que estão num relacionamento de aliança pode ser a oração mais eficaz que existe.

6. Colocam as mãos no ventre da mãe durante a gravidez.

7. Oram pela saúde, prosperidade, bênção e favor da criança, mesmo antes do nascimento.

8. Impõem as mãos no bebê recém-nascido após o parto, tão logo seja possível, transferindo a bênção de Deus.

Nunca pare de impor as mãos e abençoar seus filhos. Abençoe-os quando eles acordam. Abençoe-os quando saem e quando retornam ao seu lar. Abençoe-os enquanto brincam ou fazem tarefa. Abençoe-os em seus períodos de estudo. Ore o texto bíblico de Números 6.24-26 sobre eles.

Proativamente decida agora que cada palavra que você falar sobre eles será cheia de bênção, vida e favor. Determine-se a não ser crítico, negativo, abusivo em sua linguagem, atitude ou comportamento.

9. Quebram as maldições do passado. Arrependem-se por reter ofensas ou falta de perdão contra pais ou antepassados. Honram os pais. São curados de feridas do passado.

Se você carrega em seu coração uma "ferida paterna ou materna" vinda do passado, receba a cura em nome de Jesus. Se você já tem filhos, nunca é tarde demais para abandonar o peso do passado. Agora mesmo, você pode quebrar cada maldição do seu passado e todas as palavras ditas a seu respeito ou liberadas sobre você através de seus pais ou das gerações anteriores.

O que é uma maldição hereditária causada por feridas? Um pai, mãe ou um antepassado pode ter abusado, negligenciado, abandonado ou rejeitado você. Eles podem ter se envolvido com ocultismo ou legalismo e abusado de você espiritualmente. Podem ter abusado física ou emocionalmente, amaldiçoando e ferindo você. Você não tem que carregar essa maldição consigo. Você pode perdoá-los.

Assim como seu Pai celestial perdoa você, há um poder que Deus lhe dá através de Jesus Cristo para perdoar os outros (Mateus 6). Enquanto carregar um passado de feridas não curadas ou maldições, nunca será plenamente livre para abençoar seus filhos. Enquanto a falta de perdão residir em seu coração, você não será capaz de transferir o amor do Pai para eles.

Jesus declarou que aquele a quem o Filho libertar, será, de fato, completa e eternamente livre. Você pode ser livre das feridas e maldições do passado. Ninguém, além de Jesus, pode libertá-lo. Aqui está o que você pode fazer neste momento:

- *Renuncie* às obras do diabo e aplique especificamente o sangue de Jesus Cristo para fechar cada porta aberta ou fortaleza do passado. Declare que Jesus é seu Salvador pessoal e que você pertence a Ele para sempre.
- *Substitua* as mentiras e mitos pela verdade da Palavra de Deus.
- *Confesse* os sintomas de raiva, ódio, falta de perdão, impureza e falta de santidade.
- *Arrependa-se e repreenda* a opressão espiritual.
- *Libere* a verdade e o fruto do Espírito em sua vida.

- *Rejeite* a idéia de voltar para a escravidão ou fortalezas do passado.
- *Permaneça* prestando contas a mentores espirituais. Conheça a Palavra (sua Bíblia) e conheça o Espírito Santo.

10. Semeam para obter uma colheita na vida dos filhos. Eles têm um destino dado por Deus. Esse destino começa com a verdade de que foram criados à imagem do Pai. Esse destino está enraizado no propósito da vida deles: serem frutíferos e multiplicarem-se (Gênesis 1.28). Esse destino, originado na presença de Deus, gerará sonhos e visões enquanto eles amadurecem e crescem no Senhor.

Nas páginas seguintes, exploraremos os *Sete princípios de pais presentes, dirigidos pela presença de Deus* para os primeiros anos de vida da criança. Após cada princípio, há uma pequena lista de verificação para ajudá-lo a implantar os princípios aprendidos. Essa verificação não pretende ser muito abrangente, mas simplesmente um ponto de partida para que você possa começar a crescer em seu papel de pai ou mãe presente. Corra a carreira da paternidade com oração, persistência e paciência, lembrando-se de fixar seus olhos no fato de que Jesus lhe dará forças para realizar, como pai ou mãe, aquilo que você nunca poderia fazer sem Ele.

Não se sinta condenado ou oprimido quando falhar em implementar de forma perfeita algum princípio ou todos os passos descritos na lista. Lembre-se de que *a paternidade presente exige tempo* para você crescer e amadurecer como pai ou mãe, e para seus filhos começarem a ver Cristo em você. Durante o processo, estará treinando-os a se tornarem seu imitador, como você é de Cristo (1Coríntios 11.1).

PRINCÍPIO 1

ABENÇOANDO PARA SEU FILHO SER UMA BÊNÇÃO

Quando uma mãe hebréia desmamava seu bebê, passando a dar-lhe comida sólida, ela "treinava" (*canach*) o paladar dele triturando tâmaras e utilizando uma espécie de melado para adoçar o gosto da comida. Da mesma forma, quando os pais treinam o filho, o nível seguinte de maturidade produz o doce fruto do cumprimento de uma etapa. O estágio seguinte do crescimento é apresentado ao filho com as seguintes palavras: "O melhor de Deus para você ainda está por vir".

A bênção que um pai transfere para o filho começa com amor incondicional. Esse amor está enraizado no trecho de Deuteronômio 6 e é refletido através da vida de um filho desde a sua infância:

> Ouça, ó Israel: O Senhor, o nosso Deus, é o único Senhor. Ame o Senhor, o seu Deus, de todo o seu coração, de toda a sua alma e de todas as suas forças. Que todas

estas palavras que hoje lhe ordeno estejam em seu coração. Ensine-as com persistência a seus filhos. Converse sobre elas quando estiver sentado em casa, quando estiver andando pelo caminho, quando se deitar e quando se levantar. Amarre-as como um sinal nos braços e prenda-as na testa. Escreva-as nos batentes das portas de sua casa e em seus portões (Deuteronômio 6.4-9).

Antes dessa passagem, Deus declarou que Israel tinha sido tirado da escravidão e da maldição do Egito para a liberdade, e agora caminhava rumo à terra da bênção. Os seus filhos também estão livres do passado e de qualquer escravidão que você já experimentou. Cristo quebrou a maldição que estava sobre você através do sangue derramado na cruz (Gálatas 3). Suas orações de bênção antes do nascimento têm introduzido seus filhos numa atmosfera de bênção contínua.

Abençoe seus filhos:

- *Orando* palavras de bênçãos sobre eles continuamente (Números 6).
- *Amando-os* incondicionalmente, como o Pai ama você (Lucas 15; João 3.16; 1João 4).
- *Declarando* que eles, como Abraão, são abençoados para ser uma bênção aos outros (Gênesis 12).
- *Falando* palavras de vida para eles (Provérbios 18.21).
- *Encorajando-os* ao invés de criticá-los (1Tessalonicenses 5.11).
- *Aceitando-os* como um dom de Deus, assim como Cristo nos aceita (Romanos 15.7).
- *Corrigindo-os* e *ensinando-os* ao invés de maltratá-los e insultá-los (Hebreus 3; 2Timóteo 4.2).

- *Dando-lhes* o que precisam, ao invés de dar o que desejam. O Senhor supre todas as nossas necessidades, não todas as nossas vontades (Filipenses 4). O ato de "dar" também tem o propósito de equipá-los para torná-los pessoas que "dão com alegria". Assim, outros serão abençoados pela sua generosidade (Lucas 6.38; 2Coríntios 9). Seus filhos aprendem a lei divina da reciprocidade: semear e colher (Gálatas 6).
- *Protegendo-os* dos ataques físicos, emocionais e espirituais. Jesus orou por nossa proteção como filhos de Deus (João 17). Da mesma forma, nós oramos ao Senhor para protegê-los de todo o mal.
- *Beneficiando* seus filhos ao dar-lhes a oportunidade de conhecer a Bíblia desde a infância. As Escrituras dizem o que é errado (reprovável) e o que é certo (correção). Eles serão íntegros, plenos, saudáveis e equipados para toda a boa obra (2Timóteo 3.16,17).

Como um pai ou mãe presente, dirigido por Deus, você deve perceber que Ele tem abençoado sua vida para que seja uma bênção para sua família, igreja, comunidade, nação e mundo. Você tem se tornado a luz do mundo e sal da terra. Através de você, outros ouvem as boas novas de Cristo e recebem um copo de água no nome dele. Sua própria presença na vida de seus filhos e na vida de outras pessoas traz bênção e favor a eles (Salmo 1; Mateus 5).

Lembre-se de que a paternidade não diz respeito à "você", mas à "sua semente" e a "semente de sua semente". Pais tementes a Deus deixam tanto uma herança natural quanto espiritual para os filhos de seus filhos (Provérbios 13.22). A bênção que Deus derrama sobre sua vida flui de você como um rio de vida, fazendo com que seus filhos possam mergulhar nesse rio de saúde, abundância e alegria eterna.

A declaração de bênção que você faz com sua própria vida é transferida para seus filhos. Então fale, ore e proclame:

Bendiga o Senhor a minha alma! Bendiga o Senhor todo o meu ser! Bendiga o Senhor a minha alma! Não esqueça nenhuma de suas bênçãos! É ele que perdoa todos os seus pecados e cura todas as suas doenças, que resgata a sua vida da sepultura e o coroa de bondade e compaixão, que enche de bens a sua existência, de modo que a sua juventude se renova como a águia.
Salmo 103.1-5

LISTA DE VERIFICAÇÃO

ABENÇOANDO PARA SEU FILHO SER UMA BÊNÇÃO

Verifique quais das ações abaixo você está praticando. Assinale aquilo que você precisa começar a fazer. Seu filho em idade pré-escolar é treinado pelo princípio de *"abençoando para seu filho ser uma bênção"* através de um pai presente que:

☐ Ama incondicionalmente.
☐ Fala de forma positiva e encorajadora para e a respeito dos outros.
☐ Sorri freqüentemente.
☐ Disciplina para ensinar e corrigir, e não para maltratar ou ferir.
☐ Encoraja e toma atitudes que transmitem afirmação.
☐ Dá generosamente.
☐ Ensina com responsabilidade.
☐ Concede benefícios e não reivindicações.
☐ Ora de forma audível, freqüentemente e junto com os filhos.
☐ Abençoa a outros.
☐ Dá louvor a Deus por todas as suas bênçãos.
☐ Fala freqüentemente sobre o amor, favor, cura, perdão e presença de Jesus.

PRINCÍPIO 2

FORMANDO UM CARÁTER TEMENTE A DEUS

Um oleiro forma o vaso ao fazer pressão sobre a massa de barro que gira sobre as rodas. Na mente do oleiro já está a forma do vaso. Deus tem formado seu caráter em você ao moldá-lo à sua própria imagem (Gênesis 1.26-27). Você está sendo conformado à imagem do Filho de Deus (Romanos 8.29). Seu desejo como um pai presente e dirigido pela presença de Deus é ser usado para formar o caráter de seus filhos, para que se conformem à imagem de Cristo.

Treinar significa "moldar". A imagem do Espírito de Cristo em você começa a moldar e formar o caráter de seu filho. Lembre-se de que você obtém aquilo que semeia. Se semear em seu filho as sementes do fruto do Espírito, terá uma colheita de virtudes abençoadoras. Paulo escreve: "Quem semeia para a sua carne, da carne colherá destruição; mas quem semeia para o Espírito, do Espírito colherá a vida eterna" (Gálatas 6.8). O que você tem semeado na vida de seus filhos ainda pequenos? Aqui estão algumas boas virtudes (extraídas de Gálatas 5.22-23):

- Amor
- Alegria
- Paz
- Paciência
- Amabilidade
- Bondade
- Fidelidade
- Mansidão
- Domínio próprio

Como você imprime numa criança em idade pré-escolar o "fruto do Espírito" (Gálatas 5.22)? Comece aos poucos. Não "faça sermões", não grite nem tente fazer as três coisas mortais que destroem o caráter: manipulação, intimidação e dominação.

- A manipulação tenta levar seu filho a fazer o que você quer e não o que Deus quer.
- A dominação tenta fazer com que você controle seu filho, ao invés de submeter todo o controle a Deus.
- A intimidação ensina seu filho a ter medo de você, ao invés de temer e respeitar a Deus.

"Imprimir" é agir e então treinar seu filho a imitá-lo. Imprimir ou moldar envolve o que eu *faço*, e não apenas o que eu *digo*. Como isso funciona? Vamos ver algumas lições simples e objetivas.

O *amor* começa com *compartilhar*. A raiz do comportamento egocêntrico chama-se egoísmo. O amor é expresso quando nos concentramos nos outros. Ensine seu filho através de uma dinâmica que envolva o ato de compartilhar (compartilhe alguma coisa que você tem, sobre a qual o seu filho expresse curiosidade e, numa outra ocasião, deixe que ele compartilhe com você algo de que gosta). O mundo de seu filho concentra-se no "eu". Sua tarefa de paternidade presente começa ao treiná-lo a compartilhar. Não enfatize seu comportamento baseado no "eu" ou "meu". Ao invés disso, recompense as atitudes de compartilhar.

A *alegria* começa quando *damos*, e não quando obtemos. Obter o que desejamos traz uma ilusão de felicidade. O que você pode dar para tornar seu filho feliz? Absolutamente nada. Você não pode fazê-lo feliz e, ainda mais importante, ele não pode fazer você feliz. Expresse alegria, prazer, entusiasmo *em dar algo* a ele e àqueles ao seu redor. Quando seu filho *der* alguma coisa, encoraje-o a se alegrar, rir e sentir-se satisfeito. Mesmo quando der algo que pareça de pequeno valor, como uma fruta, um brinquedo, uma flor que acabou de colher, encoraje-o!

A *paz* começa com *perdoar*. Quando você fizer algo errado, peça perdão. Diga: "Eu errei, perdoe-me". Ensine-o que quando fizer ou disser alguma coisa errada, deverá falar: "Eu errei, perdoe-me". Explique-lhe que quando ele faz as coisas certas ou quando lida com seu erro, o sentimento dentro dele, assim como o sentimento entre vocês, deve ser de "paz". Quando ele agir desajeitadamente e cometer algum erro por causa do seu desenvolvimento ocular e de sua coordenação motora, simplesmente diga: "Você está aprendendo. Tente novamente". Quando seu filho intencionalmente tentar machucar alguém, treine-o a pedir perdão. Espere. Seja paciente até que ele o faça. Então, explique que dizer "Eu estou errado" também significa não tomar aquela atitude novamente.

A *paciência* começa com a *espera*. Treine seu filho a esperar. Crianças querem gratificações imediatas de seus desejos. Essa gratificação imediata ensina-lhes a ser impacientes. Adiar a gratificação irá treiná-los a esperar por aquilo que precisam e a abrir mão daquilo que simplesmente desejam.

Assim, quando seu filho quiser algo que não precisa, redirecione sua atenção para uma necessidade real e recuse-se a ser dirigido pelos desejos dele. Por exemplo, antes de entrar numa loja, diga o que você irá comprar (isto é, aquilo que precisa). Também diga que não comprará aquilo que ele quiser, e que não adiantará dizer: "Mas eu quero".

Diga-lhe, antes das compras, quais as conseqüências do comportamento errado e as recompensas pelo comportamento correto. Na loja, desvie sua atenção para ajudá-lo a procurar aquilo que você pretende comprar. Se ele começar a pedir coisas, lembre-o do que foi combinado. Se insistir, repita as conseqüências pela desobediência às suas instruções. Se ele se recusar a parar, faça aquilo que você havia dito (isto é, saia da loja).

Amabilidade começa com *ajuda*. Encoraje seu filho a ajudá-lo em tudo: recolher o lixo, limpar, lavar louças, outras tarefas domésticas, etc. Dê tarefas apropriadas à idade dele. Comece com responsabilidades simples, antes do período de descanso da criança. Especifique o que é amabilidade, de forma que seu filho compreenda que quando ajuda alguém, está sendo amável. A amabilidade não é o que ele simplesmente executa, mas aquilo que faz *para ajudar alguém*.

A *bondade* começa por fazer *escolhas certas*, isto é, *decidir fazer o que é certo*. Não rotule seu filho de "bom"; qualifique a sua escolha ou o seu comportamento adequado como "bom". Caso ele escolha o que é certo (por exemplo, dizer a verdade), diga-lhe: "O que você *fez* ou *disse* foi bom (correto)". Assim, você pode dizer: "João, essa foi uma boa atitude", ou "Maria, essa é uma boa coisa a dizer".

A *fidelidade* começa com confiança, sendo *digno* de *confiança*. Em outras palavras, seu filho aprende que pode confiar quando você lhe faz uma promessa. Aquilo que você disse que faria, faça! E assim, ele é treinado pela sua fidelidade a ser fiel também. Ser digno de confiança é ser consistente, fidedigno e leal. Você diz a Teresa, por exemplo: "Pode pular, que eu seguro você!". Quando ela pular, trate de segurá-la!

A *mansidão* começa com um *toque*. Demonstre gestos gentis. Uma forma do amor ser comunicado é através de toques gentis. Mesmo quando você brincar de "brigar", a "luta" e as cócegas devem ser engraçadas e nunca violentas.

O *domínio próprio* começa ao *expressar sentimentos*. Quando seu filho exprime um sentimento, treine-o a compreender que o sentimento pode ser identificado ("estou com raiva" ou "estou triste"). Então, compartilhe os seus próprios sentimentos. Treine-o a ter responsabilidade pelos sentimentos dele. Por exemplo, quando ele agir com raiva, não reaja ao seu comportamento, mas identifique seus sentimentos: "Ele está com raiva". Pergunte-lhe: "Por que você está com raiva?", ao invés de dizer: "Você não pode ficar com raiva" ou "Pare com isso!". Deixar seu filho falar a respeito da raiva que está sentindo começará a treiná-lo a ter domínio próprio.

LISTA DE VERIFICAÇÃO

FORMANDO UM CARÁTER TEMENTE A DEUS

Verifique o que você tem feito. Assinale o que precisa começar a fazer.

Seu filho é treinado através do princípio *"formando um caráter temente a Deus"*, através de um pai que:

☐ Compartilha e o treina a compartilhar.
☐ Dá e o treina a dar.
☐ Perdoa e o treina a perdoar.
☐ Espera e o treina a esperar.
☐ Ajuda e o treina a ajudar.
☐ Toma decisões certas e o treina a tomar decisões certas.
☐ É digno de confiança e o treina a ser digno de confiança.
☐ Toca gentilmente sem machucar e o treina a tocar gentilmente.
☐ Expressa sentimentos ao invés de reagir a sentimentos. Treina o filho a expressar seus sentimentos.

PRINCÍPIO 3

TRANSFERINDO UMA ATITUDE DE ADORAÇÃO

Nós fomos criados para ser adoradores. Na essência de nosso ser está a necessidade e o desejo de adorar a Deus. Jesus disse: "Adore o Senhor, o seu Deus, e só a ele preste culto" (Mateus 4.10). Ao ensinar a mulher samaritana no poço de Jacó, Ele disse: "Deus é espírito, e é necessário que os seus adoradores o adorem em espírito e em verdade" (João 4.24).

Enquanto seu filho estiver no ventre, preencha suas horas, onde quer que você esteja, com música de louvor e adoração. Ore, louve, cante, dê brados de alegria, declare a Palavra, medite nela e alegre-se no Senhor. Deixe a adoração permear e saturar tudo o que você faz e diz. Tão logo seja possível que um pai adotivo tenha a oportunidade de introduzir os sons do céu para o filho, esse mesmo processo começa a treinar seus sentidos.

A adoração é muito mais absorvida do que ensinada. Uma criança aprende a adorar ao observar seus pais adorarem, e ao adorarem juntos. Você fala e age transferindo uma atitude de adoração. Se tudo o que você faz e fala é sobre trabalho e dinheiro, seus filhos aprenderão a adorar o dinheiro. Se tudo o que você faz e fala é sobre esportes, eles aprenderão a adorar os esportes. Se você focar sua vida em conversas sobre comida, seus filhos aprenderão a adorar a comida. Se seu foco estiver nos problemas, crises, preocupações e ansiedade, então, eles adorarão a Deus para que seus problemas sejam resolvidos, ao invés de adorá-lo com louvor, ações de graças e alegria. O que quer que você adore em ações e palavras, é isso que será transferido para seus filhos.

A adoração consiste em atitude, atmosfera e ação. Esses três aspectos da adoração podem ser transferidos para seus filhos das seguintes formas:

- *Uma atitude de adoração*: A atitude de adoração jorra do seu coração.
- *Uma atmosfera de adoração*: Uma atmosfera de adoração pode ser criada no lar, assim como na igreja, para relembrar uma criança da presença de Deus.
- *Uma ação de adoração*: Orar, ler e estudar a Bíblia, ofertar, freqüentar as reuniões da igreja e envolvê-los em seu momento de adoração, fará com que vejam como você adora a Deus.

A sua boca fala do que seu coração está cheio (Mateus 12.34). Caso seu coração esteja cheio de ira, amargura, preocupação ou frustração, é isso que seus filhos ouvirão, aprenderão, e é dessa forma que agirão. Mas se o seu coração está cheio de adoração, amor, reverência e louvor a Deus, então eles viverão inundados pelas fontes das águas vivas que saem do seu coração em direção às vidas deles.

Na prática, você transfere uma atitude, atmosfera e ação de adoração das formas apresentadas a seguir.

1. *Falando sobre Deus freqüentemente.* Dê louvor pelo que Deus tem criado: os animais, as flores, as árvores, os pássaros, a comida, o ar, a chuva, as pessoas, a família, etc.

2. *Criando um tempo para adorar durante o dia.* Quando seus filhos quiserem dançar, marchar ou bater em algo imitando um tambor, encoraje-os a fazer um "barulho festivo" para o Senhor.

3. *Cantando.* A música e o louvor podem encher a atmosfera da sua casa e do seu carro. Toque música cristã, especialmente música que seus filhos gostem. Cante junto com eles. Tenha alguns instrumentos musicais simples que consigam tocar, para louvar e adorar.

4. *Orando freqüentemente e em voz alta quando seus filhos estiverem por perto.* Deixe que ouçam sua oração por eles e por qualquer coisa em sua vida. Ore no Espírito. Ore, intercedendo por eles e por outros. Torne a oração algo comum em sua conversação. Fale com Deus assim como você fala com eles.

5. *Declarando a Palavra de Deus cantando ou falando.* Encoraje-os, enquanto aprendem a falar, a repetirem a Palavra de Deus com você e a orar a Palavra de Deus.

6. *Desenvolvendo um altar de oração em sua casa, onde você pode unir-se aos demais membros da família para juntos orar e adorar.* Isso pode

ser algo simples como uma reunião ao redor da mesa de jantar, do piano ou do teclado para adorar, orar e cantar ao Senhor.

7. *Mantenha seus filhos com você no momento de adoração nas reuniões da igreja.* Freqüentemente as crianças são separadas dos pais nesses momentos. Elas nunca vêem seus pais adorando a Deus na igreja. Ensine-as a bater palma, levantar a mãos e louvar a Deus. Se a reunião da igreja for muito longa, então leve-as para a sala das crianças durante a mensagem, após a conclusão do período de louvor e adoração.

Use a lista de verificação da próxima página para orientá-lo a envolver seu filho na adoração com você.

LISTA DE VERIFICAÇÃO

TRANSFERINDO UMA ATITUDE DE ADORAÇÃO

Verifique o que você tem feito. Assinale o que precisa começar a fazer.

Orar e adorar através da música é algo que deve ser feito freqüente e continuamente em sua casa.

☐ Nós declaramos a Palavra de Deus juntos.

☐ Nós oramos juntos.

☐ Nós temos um lugar de adoração e oração em família.

☐ É reservado um tempo em nossa família para a adoração diária.

☐ Nossos filhos adoram conosco nas reuniões da igreja.

☐ Nós falamos freqüentemente durante o dia sobre Deus, e agradecemos a Ele por sua maravilhosa criação.

PRINCÍPIO 4

INTRODUZINDO UMA ATITUDE DE SERVO

Paulo escreve na carta aos Efésios, capítulo 5, que devemos nos submeter uns aos outros. O apóstolo nos lembra em Filipenses, capítulo 2, para termos a atitude de servo, assim como Cristo. Jesus nos ensinou que um senhor deve tornar-se como um servo. Em Mateus 4, Jesus declara que devemos adorar e *servir* a Deus. Em outras palavras, ser servo é um estilo de vida para o cristão, seja como criança ou como adulto.

Uma atitude de servo começa com respeito. Uma pequena criança aprende a respeitar pelo exemplo de seus pais. Quando uma mãe ou pai trata seu cônjuge com respeito, uma criança observa o que é o respeito. Quando os pais respeitam o filho, não gritando, abusando, maltratando ou sendo cruel, ele aprende o que é respeito. Quando os pais corrigem um comentário desrespeitoso e ensinam imediatamente a como falar de forma respeitosa, então ele terá o respeito introduzido em sua linguagem.

Uma criança aprende a temer a Deus através de pais que temem e respeitam a Deus. O respeito reconhece a autoridade. A autoridade divina espera obediência. A maneira como a autoridade temente a Deus é exercida por um pai, determinará se o respeito ou a rebelião serão introduzidos no coração de seu filho. A seguir, apresentamos alguns pontos básicos para exercitar a autoridade temente a Deus.

1. Dê instruções claras que declaram os benefícios da obediência e as conseqüências da desobediência.

2. Compreenda que a autoridade paterna e materna vêm de Deus. Nunca diga a uma criança: "Faça porque eu disse" ou "Porque eu sou seu pai (ou sua mãe)".

3. Lembre-se que a autoridade não é um poder para entrar numa disputa com seu filho. Todo o poder e autoridade vêm de Deus.

4. Ensine que uma ordem deve ser obedecida porque é a atitude correta, é a melhor decisão para ambos, tanto para os pais quanto para o filho.

5. Dê exemplos do que é servir.

6. Não pergunte a uma criança pequena se ela quer obedecer; simplesmente dê instruções e espere obediência.

7. A autoridade não é comunicada pelo volume ou o tom ameaçador da voz. A autoridade é comunicada calmamente, face a face, sem ultrajar ou intimidar a criança. Aprofunde a intensidade e aumente a conexão entre vocês.

8. Aja, não comece a gritar. Continue firme naquilo que você disse, ao invés de gritar e insultar. Esteja certo de que suas palavras são coerentes com suas ações e vice-versa.

Mary Sheedy Kurchinka em *Kids, Parents and Power Struggles* (Crianças, pais e a disputa pelo poder), traz respostas positivas e alternativas para emoções ou reações negativas que seus filhos possam ter. Eu adaptei o esquema que ele usa para você.

Emoção	O intimidador	O treinador de emoções
	Dá uma resposta que rompe a conexão.	Dá uma resposta que faz a conexão.
Preocupação	Não se comporte como um bebê.	Eu estou aqui para ajudá-lo.
	Não dê importância para isso.	Como posso ajudá-lo?
	Não há nada a temer (com o que se preocupar). Comporte-se como um mocinho.	O que você precisa para sentir-se seguro?
Agitação	Acalme-se. Pare com isso.	Você está empolgado. Seu corpo está cheio de energia. Vá correr no quintal um pouco.
Raiva	Não seja malcriado. Você não deve ficar nervoso.	Isso fez você ficar com raiva. Eu não deixarei você machucar o seu irmão, mas você pode dizer a ele que não gostou do que ele fez.
	Não responda para mim. Raiva produz raiva.	Eu estou ouvindo. Estou tentando compreender.

	O pai toma a atitude de ignorar ou debochar.	O pai treina a criança. Diga isso da seguinte forma...
Curiosidade	Não vá quebrar isso.	Você gostaria de saber como funciona?
	Isso não é para crianças.	Eu posso ajudar você a tentar.
	Chega! Saia daqui!	Aqui está como você pode olhar isso da forma certa, sem estragar.
Tristeza	Supere isso. O que há com você?	Eu lamento. Eu sei que isso é importante para você.
	Não seja tão sensível.	Não é errado nos sentirmos desapontados.
	Pare de sentir-se infeliz consigo mesmo.	Você gostaria de um abraço?
Ciúmes	A vida é assim mesmo. Pare com isso!	É difícil compartilhar. Algumas vezes, ter que compartilhar é frustrante.
	Não trate seu irmão dessa maneira.	Você pode pedir a minha atenção e o ouvirei.
Frustração	Pare com essa confusão. Apenas faça.	Essa é uma tarefa difícil. Você pode ter um intervalo.
	Fique quieto!	Você precisa de ajuda?

    Os pais exercitam sua autoridade paterna à medida que o padrão de Deus é seguido. A criança deve ser comunicada que a decisão dos pais visa o melhor resultado para ela mesma.

LISTA DE VERIFICAÇÃO

ESTABELECENDO UMA ATITUDE DE SERVO

Verifique o que você tem feito. Assinale o que precisa começar a fazer.

- ☐ Eu dou e espero respeito de meu filho.
- ☐ Exercito a autoridade visando o melhor para ele.
- ☐ Eu me recuso a entrar em disputas de poder com meu filho.
- ☐ Eu exemplifico uma atitude de servo.
- ☐ Eu falo com autoridade, de uma forma calma e clara.
- ☐ Eu espero obediência após dar instruções claras.
- ☐ Eu o ajudo a compreender suas emoções e sentimentos.
- ☐ Eu ensino que a única maneira que podemos servir a Deus é servindo aos outros.

PRINCÍPIO 5

FIRMANDO E EQUIPANDO NA PALAVRA

Pedro escreve: "Ora, o Deus de toda a graça, que em Cristo vos chamou à sua eterna glória, depois de terdes sofrido por um pouco, ele mesmo vos há de aperfeiçoar, firmar, fortificar e fundamentar" (1Pedro 5.10). Cada pai é um professor da Palavra de Deus.

1. *Aperfeiçoamento*. A Palavra de Deus completa e define o caráter de uma criança e dá o fundamento da verdade absoluta na qual ela deve basear qualquer decisão.

2. *Firmeza*. A Palavra de Deus dá um firme fundamento na qual pode permanecer. Ao invés de basear suas decisões, ações e direções nas opiniões ou sentimentos, ela pode dizer: "Isso está certo porque a Palavra de Deus é que estabelece o que é a verdade".

3. *Fortalecimento*. A Palavra de Deus fortalece o caráter. A palavra dá força para resistir às tentações, dificuldades e provações da vida.

4. *Fundamento*. A Palavra de Deus acalma e conforta. Ela traz um senso de segurança. Jesus relaciona a Palavra à edificação de uma casa sobre uma rocha, ao invés de ser edificada sobre a areia (Mateus 7).

Quando uma criança compreende que aquilo que seus pais fazem ou dizem está firmado na Palavra de Deus, acreditam que é confiável. Os pais estão lhe dizendo a verdade. Os pais estão lhe falando algo real, e não apenas sua opinião ou observação pessoal, ou transmitindo-lhe seus próprios conceitos.

Paulo escreve a Timóteo: "Toda a Escritura é inspirada por Deus e útil para o ensino, para a repreensão, para a correção e para a instrução na justiça, para que o homem de Deus seja apto e plenamente preparado para toda boa obra" (2Timóteo 3.16,17). Os pais utilizam e ensinam a Palavra de Deus para que a criança possa:

- *Ser ensinada na verdade*. Ensino é a correta transmissão das Escrituras.
- *Ser confrontada com a verdade*. Os pais não devem tentar confrontá-la com seus próprios sentimentos como, "Você me deixa nervoso", ou "Você me deixa envergonhado". Uma criança comporta-se de forma errada porque suas atitudes ou palavras não estão alinhadas com a verdade.

- *Ser corrigida.* A correção vai além de dizer o que está errado. A correção ajuda a criança a compreender como fazer o que é certo.
- *Ser instruída na justiça.* Deus quer que tenhamos relacionamentos corretos com Ele e com os outros. As crianças aprendem através da Palavra de Deus a forma certa de tratar e conversar com as pessoas. Suas palavras e atitudes são marcadas pelo amor, cuidado, bondade, gentileza, humildade e respeito.
- *Ser preparado para toda a boa obra.* Palavras e atitudes que agradam a Deus, extraídas da Palavra de Deus, são implantadas no coração de uma criança: "Guardei no coração a tua palavra para não pecar contra ti" (Salmo 119.11).

Como, de forma prática, um pai (ou mãe) pode firmar e equipar uma criança na Palavra? A seguir, estão algumas maneiras concretas.

1. *Memorizando.* Escolha um versículo simples a cada semana para memorizarem juntos. Na última sessão deste livro, As Doze Idéias de Deus que crianças em fase pré-escolar devem conhecer são listadas. Cada Idéia de Deus tem um versículo simples a memorizar, para que seu filho aprenda com você.

2. *Cantando.* Ensine a seu filho alguns "cânticos" baseados nas Escrituras ou cânticos simples para cantar a Palavra de Deus.

3. *Orando.* Ao invés de ensinar formas repetitivas de oração, tais como, "Deus é grande. Deus é bom. Obrigada, Deus, por nossa comida. Amém", ou "Agora que eu me deito para dormir...", ensine seu filho a orar versículos da Palavra. Faça com ele essas

orações, orientando-o a colocar seu próprio nome ou o nome de alguma outra pessoa na oração. Ensine apenas uma ou duas linhas de cada vez:

O SENHOR abençoe e guarde a _____; o SENHOR faça resplandecer o seu rosto sobre _____ e conceda graça a _____; o SENHOR volte para _____ o seu rosto e dê paz a _____.
Baseado em Números 6.24-26

O Senhor é o pastor de _____; de nada _____ terá falta. Em verdes pastagens o Senhor faz _____ repousar e conduz _____ a águas tranquilas; restaura o vigor de _____. Guia _____ nas veredas da justiça por amor do seu nome. Mesmo quando _____ andar por um vale de trevas e morte, não temerá perigo algum, pois tu estás com _____; a tua vara e o teu cajado protegem _____. Preparas um banquete para _____ à vista dos inimigos de _____. Tu honras a _____, ungindo a cabeça de _____ com óleo e fazendo transbordar o cálice de _____. Sei que a bondade e a fidelidade acompanharão _____ todos os dias da vida de _____, e voltará à casa do Senhor enquanto _____ viver.
Baseado no Salmo 23

Bendiga o Senhor a alma de _____! Bendiga o Senhor todo o ser de _____! Bendiga o Senhor a alma de _____! Não esqueça nenhuma de suas bênçãos! É Ele que perdoa todos os pecados de _____ e cura todas

as doenças de _____, que resgata a vida de _____ da sepultura e coroa _____ de bondade e compaixão, que enche de bens a existência de _____, de modo que a juventude de _____ se renova como a águia.
Baseado em Salmo 103.1-5

_____ é paciente, _____ é bondoso.
_____ não inveja, _____ não se vangloria,
_____ não se orgulha.
_____ não maltrata, _____ não procura seus interesses, _____ não se ira facilmente,
_____ não guarda rancor.
_____ não se alegra com a injustiça, mas se alegra com a verdade.
_____ tudo sofre, tudo crê, tudo espera, tudo suporta.
Baseado em 1Coríntios 13.4-7

Senhor Jesus, eu oro para que _____ alegre-se sempre no Senhor. Novamente direi: Alegre-se!
Seja a amabilidade de _____ conhecida por todos.
Perto está o Senhor. Não ande _____ ansioso por coisa alguma, mas em tudo, pela oração e súplicas, e com ação de graças, _____ apresente seus pedidos a Deus. E a paz de Deus, que excede todo o entendimento, guardará o coração e mente de _____ em Cristo Jesus.
Baseado em Filipenses 4.4-7

3. *Ler*. Leia a Bíblia com seu filho. Leia uma Bíblia infantil com figuras. Leia as legendas das ilustrações, vez após vez, até que ele possa dizer a você o que cada figura significa, sem que lhe diga nada.

LISTA DE VERIFICAÇÃO

FIRMANDO E EQUIPANDO NA PALAVRA

Verifique o que você tem feito. Assinale o que precisa começar a fazer.

- ☐ Eu falo sobre a Bíblia com meu filho diariamente.
- ☐ Eu baseio minha disciplina e decisões com relação a meu filho na Palavra de Deus.
- ☐ Eu leio a Palavra de Deus com meu filho diariamente.
- ☐ Eu canto e oro a Palavra com meu filho diariamente.
- ☐ Eu memorizo a Palavra de Deus com meu filho a cada dia.
- ☐ Eu repreendo e corrijo meu filho baseado na Palavra de Deus.
- ☐ Ao invés de expressar meus pensamentos, sentimentos, opiniões ou conselhos, eu falo a verdade da Palavra de Deus para meu filho.

PRINCÍPIO 6

ESTABELECENDO LIMITES

Nós lemos em Provérbios 22.15: "A insensatez está ligada ao coração da criança, mas a vara da disciplina a livrará dela". Em meu livro *77 Irrefutable Truths of Parenting* (77 verdades irrefutáveis sobre a paternidade), falo sobre a disciplina em três níveis:

"Meu filho, não despreze a disciplina do Senhor, nem se magoe com a sua *repreensão*, pois o Senhor *disciplina* a quem ama, e *castiga* todo aquele a quem aceita como filho."
Hebreus 12.5-6

Há punições que se propõem a machucar apenas por machucar. Quando a criança se comporta mal, nós a disciplinamos. A disciplina corrige e ensina. A disciplina treina a criança quanto aos seus limites, no desenvolvimento da autodisciplina, e ao fazê-la aprender o que é certo e errado na maneira de falar, agir e se comportar.

A Dona Colher é uma das moradoras de nossa casa. Trata-se de uma colher de madeira com um sorriso de um lado e um rosto triste do outro. Como um objeto neutro, a Dona Colher aplica a vara da correção no "bumbum" da criança, com o propósito de obter sua atenção e associar o erro com a dor.

Nunca discipline uma criança reagindo emocionalmente ou com ira por causa de suas palavras ou comportamento. Quando os pais acometidos por uma explosão de raiva punem os filhos, eles aprendem somente a não provocar sua ira.

1. *Repreenda*. A disciplina usa a repreensão em primeiro lugar. Um olhar ou uma palavra de repreensão redireciona o comportamento ou palavras erradas em direção às reações corretas. Repreender permite que uma criança se corrija, antes do embaraço do erro tornar-se exposto.

2. *Discipline*. Se a repreensão não funcionar, em seguida virá a disciplina. Disciplinar torna público o erro particular. A disciplina traz à luz uma motivação ou atitude errada por trás das palavras ou comportamento de uma criança. Disciplinar explica o erro e ensina o que é correto.

3. *Castigue*. O castigo físico, que consiste em bater, isolar, remover privilégios e colocar em prática as conseqüências previamente estabelecidas, torna-se necessário quando a repreensão e a disciplina falham em fazer a criança se arrepender. Desde que seja feito de forma controlada e limitada, bater no "bumbum" pode funcionar com seus filhos pequenos. Isso, porém, deixa de ser eficaz quando ele tiver mais de seis anos. Argumentar, assim como remover privilégios, funciona melhor nessa faixa etária. O castigo físico, aplicado simplesmente para ferir a criança ou maltratá-la, é um abuso.

Toda criança em idade pré-escolar precisa de uma batida única e leve de uma varinha no bumbum para prestar atenção em seus pais. Aqui está o princípio:

"Quem se nega a castigar seu filho não o ama; quem o ama não hesita em discipliná-lo."
Provérbios 13.24

O propósito de bater no "bumbum" da criança é:

• Obter sua atenção.
• Ajudá-la a associar a dor ao comportamento errado.
• Interromper o seu mau comportamento.
• Preceder um tempo de correção e ensino.

O ato de bater levará uma criança pequena a parar de comportar-se de forma errada. Os pais nunca devem bater para machucá-la. Ao invés disso, o ato de bater consiste num toque ou dois, dados com a vara ou objeto neutro, para mostrar que seu pai ou mãe são sérios a respeito de interromper um comportamento errado, levando-a a fazer a coisa certa e recebendo o seu arrependimento.

Uma colher de madeira é um objeto neutro, ao contrário das mãos do pai ou da mãe. O "bumbum" é um local macio, almofadado, que pode receber a correção sem nenhum dano físico. A correção pode ser esquecida, mas a criança terá aprendido a associar a dor ao comportamento errado. Esta é a lição essencial a ser aprendida.

O resultado final deve ser a seguinte atitude em uma criança mais velha: "Decisões e ações erradas trarão feridas e danos à minha vida". O ato de bater deve cessar, finalmente, por volta dos 6 aos 7 anos de idade, quando a retirada de privilégios torna-se muito mais eficaz como meio de disciplina. Pais que batem com raiva, ou tentam causar dano físico, são abusivos e devem ser denunciados às autoridades.

3. *Estabelecendo limites*. O pai ou mãe como disciplinadores têm a responsabilidade de ser "guardiões e administradores" (Gálatas 4.2). O pai estabelece limites para a criança com o objetivo de protegê-la e guardá-la de perigos físicos, emocionais, intelectuais e espirituais.

Os pais a ajudam a administrar seu comportamento, palavras e sentimentos, ao estabelecer limites que treinam autodisciplina e responsabilidade. Os drs. John Townsend e Henry Cloud, em "Limites para as Crianças", discutem dez princípios a respeito de limites que cada criança precisa conhecer. Eu listarei cada um desses princípios de limites, e comentarei brevemente sobre a maneira de aplicar cada um deles na vida de filhos em idade pré-escolar.

a. *O que acontecerá se eu fizer isso? – A lei da semeadura e da colheita*. Crianças em idade pré-escolar precisam de limites para sua própria proteção e direção. Por exemplo: "Não encoste no forno quente. Se você encostar, poderá queimar-se". O limite e a conseqüência são ensinados. "Não pegue o brinquedo de sua irmã. Se pegá-lo, você irá para o seu quarto e ficará sem brincar com seus brinquedos por dez minutos." Os limites são estabelecidos para proteger o corpo da criança, assim como seus relacionamentos. "Compartilhe seus brinquedos e seus amigos compartilharão os brinquedos deles com você." "Coma os legumes e você crescerá forte." Sempre que possível, estabeleça limites de uma forma positiva, e não negativa.

b. *Assumindo a direção – A lei da responsabilidade*. Ensine que há certas coisas que podem aprender a fazer por si mesmos: vestir-se, arrumar o quarto, escovar os dentes, ir para a cama na hora certa, falar a verdade, expressar sentimentos, pedir o que precisam, levantar-se quando o alarme do relógio tocar, tomar um banho, etc. Regularmente, dê aos seus filhos mais responsabilidades, para que possam se sentir seguros sobre fazer escolhas saudáveis e corretas por si mesmos.

c. *Eu não posso fazer tudo, mas não preciso ficar sem ajudar – A lei do poder*. Ensine que eles precisam de ajuda para fazer algumas coisas. Precisam de ajuda para aprender, para levantar algo pesado, para estudar, tomar decisões corretas, etc. Mas têm o poder e a força para *fazer* certas coisas como guardar os brinquedos, guardar as roupas, colocar a roupa suja no cesto, etc.

d. *Eu não sou o único que importa – A lei do respeito*. Seus filhos precisam descobrir o quanto antes que o mundo não gira em torno deles. Eles têm que respeitar os sentimentos e a propriedade dos outros.

e. *A vida além de "Porque eu sou sua mãe" – A lei da motivação*. Nós somos motivados por querer agradar a Deus, não apenas à mamãe e ao papai. Ensine-os a fazer o que é certo, não porque serão recompensados, mas porque isso agrada a Deus e traz benefícios a outros, assim como a eles mesmos. Ajude-os a compreender que quando são motivados por sentimentos negativos ao machucar outras pessoas, a culpa é a conseqüência de sua motivação errada. Uma criança deve aprender a dizer: "Eu estou errada". E também: "Você me perdoa?".

f. *A dor pode ser um presente – A lei da evolução*. Quando algo os machuca física ou emocionalmente, eles podem amadurecer porque isso dói, e algo pode ser apreendido por causa dessa dor. Não deixe que a dor de seus filhos controle suas ações como pai ou mãe. Mantenha a sua dor separada da dor deles. Ajude-os a aprender com ela porque pode resultar em crescimento. Quando experimentarem um sofrimento emocional, ajude-os a compreender o sofrimento, e não a ignorá-lo ou suprimi-lo.

g. *Um acesso de raiva não precisa durar para sempre – A lei da proatividade*. Ensine-os a serem proativos da mesma forma como você é. Peça-lhes para antecipar-se às suas necessidades e planejar algo para satisfazê-las. Ao invés de ficarem irados quando uma necessidade não é satisfeita, ensine-os a responder à ira de formas positivas, tais como: pedir, planejar ou compartilhar.

h. *Eu me sinto mais feliz quando sou grato – A lei do benefício*. Cloud e Townsend chamam esse aspecto de "A lei da cobiça", mas eu preferi nomeá-lo de "A lei do benefício". As crianças freqüentemente pensam que são destinadas a alguma coisa ou que têm o "direito" de reivindicar ou obter algo. Uma vez que elas compreendem que tudo na vida é um dom e que temos benefícios concedidos, ao invés de direitos que reivindicamos, desenvolverão um espírito grato.

i. *Fazendo funcionar minha máquina – A lei da atividade*. Essa é a lei do trabalho. Se eu quero crescer e aprender, devo me esforçar. Músculos fortes requerem exercício (isto é, trabalho). Obter uma mesada requer pequenas tarefas (isto é, trabalho). Um pai que faz tudo por um filho somente encoraja a preguiça.

j. *A honestidade é a melhor política – A lei da clareza (verdade).* Treine-os a exporem ou serem honestos sobre seus sentimentos e pensamentos. Também ensine-os a dizer a verdade. Você faz isso ao dar o exemplo e ao ser transparente.

Esses princípios de limites são iniciados nos anos pré-escolares e, então, desenvolvidos à medida que seu filhos amadurecem. Ao agir de forma proativa, esses princípios realmente começam na vida dos pais. Os pais exemplificam o estabelecimento de limites em suas próprias vidas antes de esperar que eles cresçam nessas áreas. Por exemplo, pais que dizem a verdade e são transparentes sobre sentimentos, ensinam os filhos a fazer o mesmo.

Novamente, o princípio bíblico precisa ser relembrado: "Sede meus imitadores, assim como eu sou de Cristo" (1Coríntios 11.1). Os pais seguem o exemplo de Cristo em cada um desses princípios de limites, e treinam seus filhos a segui-los.

LISTA DE VERIFICAÇÃO

ESTABELECENDO LIMITES

Verifique o que você tem feito. Assinale o que precisa começar a fazer.

☐ Eu sou honesto com meu filho. Espero a mesma atitude da parte dele.

☐ Eu o ensino a ter responsabilidade por tarefas que ele pode cumprir.

☐ Eu o encorajo a ser agradecido.

☐ Eu esclareço as conseqüências para meu filho.

☐ Eu o ajudo a admitir a culpa sem ter medo de mim.

☐ Eu o disciplino para ensiná-lo e corrigi-lo, ao invés de machucar e maltratar.

PRINCÍPIO 7

SONHANDO JUNTOS

"Nos últimos dias, diz Deus, derramarei do meu Espírito sobre todos os povos. Os seus filhos e as suas filhas profetizarão, os jovens terão visões, os velhos terão sonhos. Sobre os meus servos e as minhas servas derramarei do meu Espírito naqueles dias, e eles profetizarão" (Atos 2.17-18).

O Espírito Santo encherá e usará seu filho. Não menospreze o poder do Espírito Santo na vida dele!

Quando estiver doente, peça a seu filho para impor as mãos sobre você e orar, assim como faz por ele.

Orem juntos. Encoraje-o a orar. Não faça toda a oração sozinho.

Quando for ler a Bíblia, encoraje seu filho a ler sua Bíblia infantil!

Fale sobre os dons e o potencial de seus filhos no Senhor.

Deixe seu filho saber que Deus está abençoando e fazendo você e toda a sua família prosperar.

Encoraje-o a sonhar grandes sonhos a respeito de servir a Deus, e a ter sinais e maravilhas fluindo através da vida dele. Deixe que pregue e ensine a Palavra para você.

Ensine-o a descobrir que nada é impossível com Deus. Fale sobre os milagres acontecendo ao seu redor e ao redor da vida dele.

Quando seu filho tiver um sonho poderoso no Espírito, encoraje-o a crer na palavra profética de Deus. Fale a Palavra de Deus e palavras proféticas sobre seu filho. Declare os Salmos 91 e 139 sobre ele.

Lembre-se da história de Samuel no Tabernáculo (1Samuel 3). Samuel ouviu a voz do Senhor. Encoraje seu filho a ouvir a voz de Deus.

LISTA DE VERIFICAÇÃO

SONHANDO JUNTOS

Verifique o que você tem feito. Assinale o que precisa começar a fazer.

- ☐ Eu estou falando palavras proféticas sobre meu filho.
- ☐ Eu estou confirmando os sonhos que Deus dá a ele.
- ☐ Eu estou falando a respeito do seu destino e potencial em Cristo Jesus.
- ☐ Eu estou atento às suas esperanças e sonhos.
- ☐ Eu o ensino a ouvir a voz de Deus.
- ☐ Eu falo a Palavra de Deus sobre meu filho.

SEÇÃO 2
VALORIZANDO SEU TESOURO

Pais presentes valorizam o temperamento, aflições, provas e dificuldades pelas quais seus filhos passam, como um tesouro

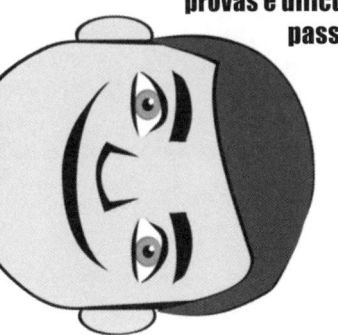

"Os filhos são herança do Senhor."
Salmos 127.3

"Pois onde estiver o seu tesouro, ali também estará o seu coração."
lucas 12.34

VALORIZANDO SUA HERANÇA DO SENHOR

Jesus nos lembra que aquilo que valorizamos não é o que louvamos da boca para fora, mas aquilo a que inclinamos nosso coração em amor, tempo e esforço. Valorizar os filhos vai além de falar sobre quanto os amamos. A paternidade presente exige tempo. É um trabalho árduo. Significa dar nosso profundo amor e devoção aos nossos filhos. Jesus valorizou as crianças. Assim também nós devemos fazer ao dar-lhes nosso amor, tempo, esforço e atenção. Pais devem dar o seu melhor para os filhos.

Os pais devem estimá-los como um tesouro, dom e herança do Senhor. O que significa dizer que eles são uma herança do Senhor? Como podemos, de forma prática, valorizar um filho como um tesouro?

1. *Respeite-os como um dom, não como uma possessão.* Quanto mais cedo nós os consagrarmos ao Senhor, mais rapidamente com-

preenderemos que somos mordomos e não proprietários. Filhos nos são dados para cuidarmos deles, e não para controlá-los. Somos imperfeitos, assim como nossos filhos.

2. *Exerça a paternidade com graça.* Filhos e pais precisam da graça de Deus da mesma forma para atravessarem os primeiros anos da vida da criança.

3. *Valorize a herança.* Nossa herança do Senhor é inestimável e preciosa. Quão honrados e privilegiados somos por cuidar dos filhos que Deus nos deu! Não devemos conduzi-los a qualquer caminho que possa levá-los a tropeçar (Mateus 18.6).

Assim, o que podemos entesourar durante a infância de nossos filhos? Seu temperamento e as provações!

O temperamento é a personalidade de uma criança. Sendo criados de forma especial e admirável, cada um deles tem um temperamento único, dado pelo Senhor:

> Tu criaste o íntimo do meu ser e me teceste no ventre de minha mãe. Eu te louvo porque me fizeste de modo especial e admirável. Tuas obras são maravilhosas! Digo isso com convicção (Salmo 139.13-14).

Pais não são chamados para mudar o temperamento do filho, mas para compreendê-lo. Ao compreender o temperamento, você será mais bem equipado para comunicar-se, relacionar-se, treinar, educar e disciplinar.

O temperamento é o filtro através do qual seus filhos percebem e respondem ao mundo ao seu redor. Quando você compreende como enxergam a realidade e respondem a ela, será capaz de proativamente propor ações, planejar e contribuir para a prosperidade deles, sendo dirigido pelo Espírito Santo.

Quando uma criança está ainda no ventre, algumas mães e pais podem começar a discernir certos traços do seu temperamento. Após o nascimento, as características da sua personalidade começam a vir à tona quase imediatamente, pelo comportamento ou sons emitidos pelo recém-nascido. Nós iremos explorar brevemente algumas dessas características da personalidade ou temperamento juntos, e descobrir dados importantes para que você possa compreender e relacionar-se com seus filhos.

Provações, aflições, dificuldades e mesmo tentações imediatamente surgirão no caminho deles, sejam eles bebês, crianças de 1 a 3 anos ou em idade pré-escolar. A vida começa difícil e o nascimento exige esforço e libertação. Jesus promete que nessa vida nós teremos aflições, e essas acontecem no momento do nascimento. De fato, Jesus compara nossas tribulações e perseguições, como crentes, ao processo do nascimento, em João 16.16-33.

Após explorar as características do temperamento, você compreenderá as provas e aflições que cada um deles enfrenta nos primeiros anos de sua vida. Como pai ou mãe, você pode tornar-se um guardião, protetor, mentor e professor, enquanto seus filhos crescem e amadurecem através das dificuldades resultantes de cada novo desafio e prova.

VALORIZANDO O TEMPERAMENTO

Nem toda pesquisa sobre temperamento concorda exatamente com esta lista ou características que serão apresentadas. Contudo, quero dar a você algumas das características mais comuns do temperamento observadas na primeira infância, e descrever sua forma de se comportar. Uma listagem excelente e formal dessas características é dada por Willian B. Carey, M. D. em *Understanding Your Child's Temperament* (New York, MacMillan, 1997). Uma outra lista menos formal, mas bastante semelhante, é oferecida por Neville e Johnson em *Temperament Tools, Working With Your Child Inborn Traits* (Seattle, Washington, Parenting Press Inc, 1998).

Eu fiz uma síntese dessas listas para você, e acrescentei algumas observações próprias, originadas de trinta anos de aconselhamento pastoral e educação de filhos. Essa abordagem não pretende ser um teste de personalidade. É simplesmente uma ferramenta de observação para que você possa desenvolver uma avaliação mais profunda do temperamento da criança, o qual é parte da herança dada por Deus a ela e a você.

À medida que você lê a pesquisa, assinale com um "x" as características relativas a seu filho.

ATIVIDADE

Essa característica se refere à quantidade de energia que ele geralmente gasta ao fazer tarefas, brincar e movimentar-se num quarto ou em algum outro espaço.

Baixa energia

- ☐ A criança (recém-nascidas a 1 ano) relaxa numa cadeira ou no assento infantil no carro.
- ☐ A criança (1-3 anos) aconchega-se no colo dos pais ou brinca tranqüilamente com seus brinquedos.
- ☐ Coopera na hora de vestir as roupas.
- ☐ Na fase da pré-escola, geralmente usa mais as mãos do que os pés.
- ☐ Manipula pequenos brinquedos, gosta de artes, brinquedos que envolvem montagem, quebra-cabeças, jogos simples e de brincar sozinha ou com alguma outra criança.

Seja cuidadoso em não tornar-se excessivamente preocupado com a baixa atividade de seu filho e pensar que ele está tendo um desenvolvimento lento, física e intelectualmente. Não rotule seu filho como preguiçoso ou lerdo.

Alta energia

- ☐ O bebê se mexe muito antes de nascer, e começa a caminhar bem cedo.

- [ ] Ele se movimenta freqüentemente e enquanto dorme se agita bastante por todo o berço.
- [ ] A criança (1-3anos) detesta ficar confinada em cadeiras, berços, assentos do carro, etc.
- [ ] Na fase pré-escolar, fala e se movimenta rapidamente. Gosta de brincar com outras crianças e freqüentemente assume a liderança. Gosta de espaços amplos para brincar, saltar, dar cambalhotas. Ela dança enquanto assiste a TV ou vídeos, canta, interrompe, tem dificuldade de ficar sentada enquanto ouve alguma história. Freqüentemente prefere contar a história do que ouvi-la.

Seja cuidadoso em não rotular ou permitir que rotulem a alta atividade de seu filho como hiperatividade. A hiperatividade é desorganizada e sem propósito.

Temos observado que a atividade de nosso filho é:
- [ ] Baixa   - [ ] Alta

ADAPTABILIDADE

Essa característica se refere à facilidade (ou dificuldade) que seu filho enfrenta diante de mudanças, surpresas e coisas novas.

Alta adaptabilidade

- [ ] A criança facilmente atravessa o dia através das refeições, troca de fraldas, banhos, brincadeiras, repouso, etc.
- [ ] A criança (1-3 anos) rapidamente se adapta às novas situações e ambientes, aceitando os limites impostos.

☐ Ela se adapta facilmente a novos companheiros e gosta quando há mudanças à vista e algo novo acontece na família, na escola ou na igreja.

Baixa adaptabilidade

☐ A criança resiste ao acordar, ser colocada para dormir e à maioria das mudanças em sua rotina. Pode resistir quando é apanhada no colo ou no momento de trocar de roupa.

☐ A criança (1-3 anos) tem problemas ao ser colocada na cama, enfrentar a situação de uma nova babá ou creche e submeter-se a limites mesmo quando são consistentes. Tem dificuldades de relacionamento com companheiros na hora da brincadeira e tenta dominá-los.

☐ A criança em fase pré-escolar pode tornar-se temerosa quando colocada em novos ambientes; imagina o pior quando enfrenta uma mudança; não gosta de aprender novas rotinas e hábitos.

Temos observado que o nível de adaptabilidade de nosso filho é:
☐ Alto   ☐ Baixo

Seja cuidadoso em não reagir de maneira exagerada ao fato de seu filho apresentar baixo nível de adaptabilidade. Siga lentamente com as mudanças. Explique antecipadamente o que pode esperar. Ele precisa ser orientado, ao invés de pressionado. Convencido, ao invés de forçado. Não faça de sua pressa em mudar uma questão que atenda aos seus próprios interesses. Contudo, não permita que seu filho resista a todas as mudanças por causa da dificuldade em se adaptar. Simplesmente prossiga lentamente e remova os obstáculos quando possível.

CURIOSIDADE – ABORDAGEM DAS COISAS NOVAS

Esse traço do temperamento refere-se à avidez ou cautela de uma criança ao explorar e descobrir novas coisas.

Alta

- [ ] A criança (até 1 ano) pega imediatamente um novo objeto, tocando-o, colocando-o em sua boca ou observando-o cuidadosamente.

- [ ] A criança (de 1 a 3 anos) gosta de novas circunstâncias como uma creche ou novos relacionamentos com outras crianças. Ela tenta usar um brinquedo novo, antes de saber o que é ou como ele funciona.

- [ ] A criança em fase pré-escolar gosta de visitar novos lugares, explorar novos espaços ou descobrir coisas novas.

Cautelosa

- [ ] A criança (até 1 ano) observa e examina algo novo durante certo tempo, antes de tocá-lo cuidadosamente.

- [ ] A criança (1-3 anos) observa os outros brincarem ou usarem alguma coisa, antes de tentar brincar com esse objeto.

- [ ] A criança em fase pré-escolar ou de 1-3 anos pode esconder-se atrás de você quando encontram alguém ou vão a um lugar novo. O antigo e familiar sempre é bem-vindo, enquanto aquilo que é novo e diferente torna a criança cautelosa e hesitante.

Temos observado que o nosso filho é:
  - [ ] Muito curioso   - [ ] Cauteloso

REAÇÃO À FRUSTRAÇÃO

Persistente

- [ ] A criança (até 1 ano) pacientemente espera pelos pais para começar as coisas. Quando tenta engatinhar ou andar, pratica, vez após vez, até conseguir.
- [ ] A criança (1-3 anos) brinca com o mesmo brinquedo, vez após vez.
- [ ] Como uma criança em idade pré-escolar, a prática, a repetição e a rotina são os padrões consistentes de comportamento.

Frustrada facilmente

- [ ] A criança (até 1 ano) chora quando a comida ou objetos desejados não estão imediatamente ao seu alcance.
- [ ] A criança (1-3 anos) rapidamente desiste quando não pode brincar com um novo brinquedo ou joguinho.
- [ ] A criança em idade pré-escolar quer ajuda para vestir-se ou fazer alguma coisa que não consegue completar rapidamente com facilidade.

Temos observado que o nosso filho é:
- [ ] Persistente   - [ ] Facilmente frustrado

INTENSIDADE DE EMOÇÕES

Calma

- [ ] A criança (até 1 ano) pode gritar, mas sua intenção maior é apenas fazer barulho.

☐ A criança (1-3 anos) nunca parece estar realmente irritada ou bastante excitada. Ela parece tranqüila a maior parte do tempo.

☐ A criança em fase pré-escolar, mesmo quando expressa sentimentos fortes, rapidamente supera a situação e acalma-se novamente.

Dramática

☐ A criança (até 1 ano) faz uma "tempestade" por qualquer coisa, desde comer até trocar a fralda.

☐ A criança (de 1-3 anos) ama ou odeia o que quer que aconteça. Gritos ou acessos de raiva podem durar um longo período.

☐ A criança em fase pré-escolar pode bater ou abraçar outra criança subitamente, dependendo de suas emoções.

Temos observado que o nosso filho é:
    ☐ Calmo   ☐ Dramático

HUMOR

Alegre

☐ A criança (até 1 ano) sorri bastante cedo, de forma freqüente. Parece estar feliz quando colocada no berço ou no colo.

☐ A criança (1-3 anos) parece acordar ou ir para cama alegre e satisfeita.

☐ A criança em fase pré-escolar tenta fazer amizade com todos e ajudar os outros a terem um dia feliz.

Séria

☐ A maioria das coisas parece ser bastante grave para ela (até 1 ano). Sorri somente quando os pais realmente são eficazes em extrair algum sorriso.

☐ A criança (1-3 anos) pode fazer cara de zanga ou reprovação aos pais que tentam fazer gracejos para encorajar seus sorrisos, brincadeiras e risadas.

☐ A criança em fase pré-escolar aborda as pessoas e a vida de forma séria. Ela parece ter a atitude de "dê-me uma boa razão para rir".

Temos observado que o nosso filho geralmente é:
    ☐ Alegre   ☐ Sério

REGULARIDADE

Previsível

☐ A criança (até 1 ano) geralmente suja a fralda, acorda ou deseja comer regularmente nos mesmos horários a cada dia.

☐ A criança (1-3 anos) gosta de uma programação e se comporta e brinca dentro de padrões previsíveis.

☐ A criança em idade pré-escolar comporta-se bem numa creche ou escola, adaptando-se a lugares onde a ordem e a rotina são estabelecidas.

Irregular

☐ Cada experiência para a criança (até 1 ano) é nova e diferente.

☐ O ato de acordar e dormir variam, assim como as funções e necessidades físicas.

☐ A criança (1-3 anos) quer variedade e mudança, e gosta de coisas imprevisíveis.

☐ A criança em idade pré-escolar tem dificuldade em ajustar-se a uma classe ou estrutura de uma pré-escola.

Temos observado que o nosso filho é:
    ☐ Previsível   ☐ Imprevisível

SENSIBILIDADE

Baixa

☐ A criança (até 1 ano) pode dormir em qualquer lugar, tal como num passeio de carro ou de avião.

☐ A criança ignora pequenos ferimentos, uma pequena dor de ouvido ou pequena queda.

☐ A criança em fase pré-escolar não parece notar ou se preocupar particularmente com o sentimento dos outros.

Alta

☐ Não pode dormir ou cochilar sem silêncio completo.

☐ A criança (até 1 ano) acorda facilmente ao menor barulho e pode até mesmo chorar se receber olhar de reprovação ou se o tom de voz dos pais ficar mais alto.

☐ A criança (1-3 anos) pode sentir-se desconfortável diante de qualquer sintoma aparente de enfermidade.

☐ A criança em fase pré-escolar reage fortemente se alguém não gosta dela ou não quer ser sua amiga.

Temos observado que a sensibilidade de nosso filho é:
    ☐ Baixa   ☐ Alta

Algumas observações podem ajudar você a valorizar o temperamento de seu filho, ao invés de desvalorizá-lo ou tentar mudá-lo para preencher as suas expectativas. Tente as sugestões indicadas a seguir.

1. *Veja seu próprio temperamento em cada uma das escalas anteriores.* Se for significativamente diferente do temperamento de seu filho numa característica em particular, você terá que trabalhar mais arduamente para interagir, comunicar-se e compreendê-lo.

2. *Encontre formas de tornar-se flexível.* Talvez precise tentar abordagens diferentes para lidar com seu filho, com o objetivo de ajudá-lo a compreender o que você deseja comunicar. Sua forma de comunicar-se precisa se adaptar à maneira como ele melhor recebe a comunicação de sua parte.

3. *À medida que seu filho se torna mais falante, faça perguntas (não ameaçadoras e preocupantes) para perceber como ele se sente ou pensa sobre situações diferentes.* Atente para o que seu filho lhe disser sobre o que acontece no interior dele. Não confie completamente em suas próprias observações; estimule-o a se expressar.

4. *Leia mais a respeito de temperamentos.* Na biblioteca, livraria ou internet, consiga os livros indicados anteriormente. Torne-se familiar com seus próprios traços de personalidade e temperamento. Um excelente recurso é *Please Understand Me II*, por David Keirsey (Prometheus, 1998).

Os pais tolos tentam mudar a personalidade do filho ao forçá-lo a tornar-se o que eles desejam, ao invés daquilo que

Deus destinou que ele seja. Pais controladores, manipuladores e intimidadores podem forçar um filho condescendente a ocultar a sua verdadeira personalidade por anos. Mas existe o perigo de que aquele que foi uma criança dócil, ao tornar-se adolescente ou adulto, venha a rebelar-se ou mesmo rejeitar um pai que falhou em compreendê-lo.

E se a criança possuir uma personalidade forte, ao invés de dócil, os pais a considerarão rebelde e "má", forçando a criança normal e saudável a padrões negativos de comportamento, quando, na verdade, seu comportamento é um esforço para defender-se contra pais invasivos e ataques danosos ao temperamento que ela possui.

Alguns conselhos bíblicos podem encorajá-los a valorizar o temperamento que Deus deu a seu filho.

1. *Valorize* o fato de seu filho ser alguém especial. Davi não pôde usar a armadura de Saul. Davi teve que ser ele mesmo para lutar contra Golias.

2. *Reafirme* as emoções intensas de seu filho. Paulo escreveu que podemos irar e não pecar. A emoção não é "errada" ou "má". É como reagimos que determinará o certo e o errado. Ensine-o a reagir positivamente às emoções intensas.

3. *Observe* cuidadosamente. Leva tempo para observar seu filho. Observe-o interagir com seu ambiente e outras pessoas. Pais *observam* quem o filho realmente é especialmente quando ele não percebe que está sendo observado.

4. *Ensine* seu filho sobre a personalidade que ele possui. Ajude-o a compreender que ele é assim, e que pode valorizar o fato de ser uma pessoa única e especial, criada por um Deus amoroso.

5. *Seja sábio e não tolo.* A sabedoria vê a criança sob a perspectiva de Deus. O conhecimento substitui as expectativas e percepções humanas com a verdade de Deus. Compreender é aplicar a sabedoria e conhecimento de uma forma prática e concreta, que funcione para ensinar e treinar a criança nos caminhos de Deus. A tolice tenta moldá-la a própria imagem dos pais. A sabedoria vê um filho criado à imagem de Deus.

> Se der ouvidos à sabedoria e inclinar o coração para o discernimento; se clamar por entendimento e por discernimento gritar bem alto; se procurar a sabedoria como se procura a prata e buscá-la como quem busca um tesouro escondido, então você entenderá o que é temer o Senhor e achará o conhecimento de Deus.
> Pois o Senhor é quem dá sabedoria, de sua boca procedem o conhecimento e o discernimento. Ele reserva a sensatez para o justo; como um escudo protege quem anda com integridade, pois guarda a vereda do justo e protege o caminho de seus fiéis. Então você entenderá o que é justo, direito e certo, e aprenderá os caminhos do bem. Pois a sabedoria entrará em seu coração, e o conhecimento será agradável à sua alma. O bom senso o guardará, e o discernimento o protegerá.
> Provérbios 3.2-11

Sabiamente valorize a maneira como a personalidade de seu filho tem sido moldada e formada por Deus. Compreenda que a personalidade dele ajudará você a descobrir formas dinâmicas, criativas e efetivas para ajudá-lo a aprender a Palavra de Deus, tomar decisões certas e ser inundado com a alegria de conhecer os caminhos do Senhor.

VALORIZANDO AS PROVAÇÕES, AFLIÇÕES E DIFICULDADES

Seu filho experimentará lutas internas, transições e estágios de crescimento através dos primeiros anos de sua vida. Vamos explorar o que essas provações, aflições e dificuldades são, para que nós, como pais, possamos sabiamente guiá-lo através de cada provação, para que sua fé e confiança em Deus seja refinada como o ouro puro.

As provas na vida, assim como as fases, lutas internas e dificuldades não aparecem subitamente quando nos tornamos adolescentes e adultos; elas começam no nascimento. Como pai, você pode valorizá-las e ensinar seu filho a estimá-las e aprender com cada tribulação, para que ele possa amadurecer no Senhor. Pedro fala a respeito disso para os filhos de qualquer idade:

> Ele nos regenerou para uma esperança viva, por meio da ressurreição de Jesus Cristo dentre os mortos, para uma herança que jamais poderá perecer, macular-se ou perder

o seu valor. Herança guardada nos céus para vocês que, mediante a fé, são protegidos pelo poder de Deus até chegar a salvação prestes a ser revelada no último tempo. Nisso vocês exultam, ainda que agora, por um pouco de tempo, devam ser entristecidos por todo tipo de provação. Assim acontece para que fique comprovado que a fé que vocês têm, muito mais valiosa do que o ouro que perece, mesmo que refinado pelo fogo, é genuína e resultará em louvor, glória e honra, quando Jesus Cristo for revelado.
1Pedro 1.4-7

COMPREENDENDO O DESENVOLVIMENTO DA ALMA NOS PRIMEIROS ANOS

Erik Erikson comenta em seus estudos que os filhos desenvolvem-se psicologicamente através dos conflitos internos básicos. Do nascimento ao 18º mês, a criança luta entre a confiança versus a desconfiança. Do 18º mês aos 3 anos, a luta é entre a autonomia versus a vergonha/dúvida. Então, dos 3 aos 6 anos, a luta é entre a iniciativa versus a culpa. Eu resumirei algumas dessas observações, e então incluirei algumas conclusões profundas para que você considere, à medida que a alma de seu filho se desenvolve durante os primeiros anos de sua vida.

Eu expandi esses primeiros três campos de batalha que foram identificados por Erikson, para incluir alguns outros que listarei após o seu comentário a respeito dos estágios de desenvolvimento da infância e seus respectivos conflitos. A revelação de Jesus, "Pois a boca fala do que está cheio o coração", e o provérbio bíblico, "Porque, como imagina em sua alma, assim ele é" (Provérbios 23.7), nos dão percepções surpreendentes da infância de nossos filhos. Suas declarações repetidas revelam as lutas internas de suas almas.

Aqui está uma lista de declarações das crianças que revelam os conflitos de suas almas:

– Você prometeu.
– Eu posso? Você deixa?
– O que é isso?
– Não vá embora.
– Você não gosta de mim.
– Eu não posso.
– Estou com medo de...
– Eu quero, é meu!
– Por quê?
– Eu não gosto de você.
– Não!

1. *"Você prometeu." A confiança versus a desconfiança.* Uma das primeiras provações ou lutas que um bebê enfrenta é para alimentar-se. De acordo com Erikson, ele desenvolverá um senso de confiança somente se seus pais são responsivos e consistentes à satisfação das suas necessidades básicas. Ele deve primeiramente aprender a confiar nos pais antes que um senso mais amplo de confiança seja desenvolvido. De outra forma, a desconfiança se desenvolverá.

Bebês que não são abrigados ou abraçados por suas mães de uma maneira que transmita segurança, tornam-se menos cooperativos e mais agressivos à medida que crescem. Bebês que têm suas necessidades supridas pela alimentação, toque e cuidado são mais confiantes enquanto amadurecem.

Considere isso: *a primeira idéia que uma criança tem de Deus é através de seu pai ou sua mãe*. Nós costumamos dizer que Deus deseja e é capaz de suprir nossas necessidades. Uma criança aprende a confiar num pai que supre suas necessidades, e então aprende que ele pode ser confiável como uma fonte de ensino e treinamento sobre os caminhos de Deus. Se uma criança desenvolve a desconfiança do pai, terá muita dificuldade em confiar em Deus.

Versículos-chave: "Muitos se dizem amigos leais, mas um homem fiel, quem poderá achar? O homem justo leva uma vida íntegra; como são felizes os seus filhos!" (Provérbios 20.6-7).

2. *"Eu posso? Você deixa?" Autonomia versus dúvida*. De acordo com Erikson, o autocontrole e a confiança começam a desenvolver-se entre o 18º mês e os 3 anos. Isso está relacionado ao treinamento de ir ao banheiro, a habilidade da criança para comer e vestir-se sozinha e tomar decisões simples. Se um pai (ou mãe) é superprotetor ou bastante controlador nesse estágio, a criança pode começar a desenvolver uma atitude de dependência e dúvida. Um pai que positivamente reforça o comportamento de autonomia construtiva nessa fase, fortalece a confiança da criança em suas próprias habilidades.

Considere isso: *os relacionamentos de uma família saudável baseiam-se na interdependência, não na dependência ou independência*. Uma criança que depende da mamãe e do papai para qualquer movimento ou decisão, não aprenderá a ter responsabilidade para as simples tarefas da infância, e mais tarde não poderá tomar decisões certas sem uma dependência doentia dos pais.

Por outro lado, uma criança que se torna independente não reconhece a necessidade de ajuda e apoio dos outros e não desejará ser ajudada. A interdependência favorece os relacionamentos nos quais os membros da família se ajudam e se apóiam mutuamente, assim como os membros da família de Deus devem usar seus dons para ministrar uns aos outros.

Versículo-chave: "Encorajem-se uns aos outros todos os dias" (Hebreus 3.13).

3. *"O que é isso?" Iniciativa versus culpa.* De acordo com Erikson, a criança em amadurecimento dos 2 aos 6 anos continua a ser autoconfiante e a tomar iniciativa. Brincar e admirar heróis é uma forma importante de iniciativa.

Crianças nesse estágio desejam responsabilidade. Se não têm oportunidades de ser responsáveis e fazer coisas por si mesmas, um senso de culpa pode se desenvolver. Podem até vir a crer que tudo que fazem está errado e é inadequado.

Se a iniciativa dos filhos falha em desenvolver-se, então a criatividade, a habilidade de sonhar e a imaginação podem ser frustradas e substituídas por um senso de inadequação, nulidade, apatia, desinteresse ou falsa culpa.

Considere isso: *crianças que são encorajadas a ser criativas, visionárias e sonhadoras desenvolverão um senso de fé que ouvirá o inacreditável, verá o invisível e fará o impossível através de Cristo.*

Os pais precisam encorajar a imaginação de seus filhos ao imaginar todos os milagres e maravilhas que Deus está fazendo e fará em suas vidas. Tal criatividade é alimentada ao ler todas as histórias verdadeiras da Bíblia e ao encorajar seus filhos a imitarem os heróis da fé das Escrituras e da história, ao invés de heróis irreais de contos, esportes ou jogos de computador.

Versículos-chave: "Certa vez, José teve um sonho... o pai, no entanto, refletia naquilo" (Gênesis 37.5,11).

O campo de batalha da alma – Deus quer santificar o corpo, mente e alma de seu filho (2Tessalonicenses 5.11). Como pai ou mãe sábios e tementes a Deus, vocês devem tornar-se sensíveis às batalhas da alma que cada pequena criança enfrenta. Cada criança enfrenta essas provações e tribulações interiores com intensidade variável. Erikson aborda alguns aspectos psicológicos significantes dessas situações. Vamos brevemente explorar algumas das dimensões espirituais das lutas que elas enfrentam.

A alma é um campo de batalha. O Salmo 143 diz: "O inimigo persegue-me e esmaga-me ao chão" (verso 3). O inimigo da alma de seus filhos quer alimentar sentimentos de abandono, rejeição, separação, inferioridade, inadequação, medo e egoísmo. O diabo tenta usar as palavras e ações dos pais como armas contra a alma da criança. Não permita que você se torne uma ferramenta nas mãos do inimigo. Determine-se a falar palavras que transmitam vida a seus filhos.

O inimigo também tentará usar circunstâncias, pessoas, outras crianças e a mídia para imprimir destruição na alma de seu filho. Guarde o coração dele. Proteja-o. Lute pela sua família! (Neemias 4.14).

Aqui estão as batalhas e as maneiras de você compreender os conflitos que seus filhos enfrentam, para tornar-se um mestre da verdade (a espada do Espírito) e um guerreiro a favor de seu filho.

4. *"Não vá embora."* O sentimento de pertencer versus abandono. As crianças devem desenvolver um senso de pertencer, primeiramente com relação à mãe e, então, com relação ao pai, à família e, finalmente, a Deus. Nos primeiros anos, as crianças freqüentemente passam por um estágio de medo do abandono. Elas podem não querer ficar sozinhas em seus quartos, no ber-

çário da igreja ou com uma babá. Temendo o abandono, elas engatinham e caminham atrás de seu pai ou mãe, onde quer que estejam pela casa. Elas estão continuamente atrás deles. Essa fase de "ficar grudado" requer dos pais bastante atenção, toque físico e palavras que transmitam confiança.

Um filho que não consegue dormir em seu quarto sozinho pode precisar dormir por um tempo no berço ou numa cama próxima à de seus pais. É melhor para a criança permanecer próxima do que ser levada para a cama dos pais. Os pais podem então, progressivamente, transferi-la para o seu próprio quarto, dando alguns passos como deixar a luz acesa ou música tocando com a porta aberta. Ao invés de ser punida por sair da cama em busca de seus pais, a criança deve ser tranqüilizada, abraçada e, então, calmamente colocada de volta em sua própria cama.

Durante as compras, os pais devem certificar-se de estar próximos do filho todo o tempo. A criança precisa estar à vista e ser capaz de ver claramente onde o pai (ou mãe) está. Perder de vista a mamãe ou papai pode fazer a criança começar imediatamente a chorar e a sentir-se abandonada.

O abandono é alimentado por pais que trabalham excessivamente, deixam continuamente a criança aos cuidados de outros, afastam-se freqüentemente dos filhos que precisam de toque físico e tornam-se verbalmente irados quando eles querem ficar por perto.

Versículo-chave: "Aproximem-se de Deus, e ele se aproximará de vocês!" (Tiago 4.8).

5. *"Você não gosta de mim!" Aceitação versus rejeição.* Uma criança pequena constantemente quer dar alguma coisa ao pai ou à mãe. Aceite seus presentes. Não a rejeite ou ridicularize. Prestar atenção na criança enquanto ela fala ou compartilha seus sentimen-

tos favorece a aceitação. Brincar com uma criança encoraja uma aceitação positiva.

Por outro lado, um filho sente-se rejeitado quando seus presentes não são aceitos ou quando os pais se recusam a dar atenção quando é necessária (e não exigida). Lembre-se que a *paternidade presente exige tempo*. Desenvolver um senso de aceitação ajuda uma criança a compreender o amor incondicional e a aceitação de Deus.

Versículo-chave: "Portanto, aceitem-se uns aos outros, da mesma forma que Cristo os aceitou, a fim de que vocês glorifiquem a Deus" (Romanos 15.7).

6. *"Não vá embora." Intimidade versus afastamento.* Aprenda como seu filho deseja a intimidade. Alguns gostam de ficar perto e serem abraçados. Outros gostam de brincar de "brigar". Ainda outros gostam de ficar perto, mas não serem tocados. Há os que preferem ter suas cabeças afagadas ou que lhes façam cócegas. Alguns gostam de segurar a mão dos pais, enquanto outros preferem ser carregados. Encoraje a intimidade com seu filho. Alguns gostam de beijos e outros de abraços.

Forçar a criança a ficar longe alimenta sentimentos de abandono. Crianças desejam um toque apropriado. Têm o desejo de afago. Sem o toque, elas se sentem rejeitadas, abandonadas e afastadas de uma mãe ou de um pai. A intimidade também envolve ouvir, olhar nos olhos e brincar com seu filho.

Versículo-chave: "E todos os que nele tocavam eram curados" (Marcos 6.56).

7. *"Eu não posso." Segurança versus inadequação.* Deixe seu filho tentar várias coisas. Encoraje-o quando ele é bem-sucedido ou falha. Uma criança pode falhar bastante ao tentar caminhar, mas

permaneça edificando sua confiança. Seja afirmativo. Gaste muito mais tempo ressaltando as qualidades do que apontando fraquezas.

Fixar-se nas falhas de seus filhos e criticá-los constantemente desenvolverá sentimentos de inadequação e inferioridade em suas almas.

Versículo-chave: "... no uso da autoridade que o Senhor me deu para edificá-los, e não para destruí-los" (2Coríntios 13.10).

8. *"Estou com medo de..." Coragem versus medo.* Através das Escrituras somos ensinados a não temer nada. Deus nos diz para sermos fortes e corajosos. Ele quer que você e seu filho saibam que não há nada a temer. Algum medo é saudável, como o de objetos perigosos e de pessoas estranhas. Mas um medo irracional como o de escuro e daqueles que você ama, são todos vencidos através da força e coragem dadas por Deus.

Uma criança imita o que vê. Se você tem medo, ela terá medo. Você pode ensinar seu filho a ser vencedor através da sua coragem no Senhor. Não zombe dele por ter medo. Deixe-o falar de seus medos e então conversem a respeito da verdade. Em seguida, dê um exemplo de coragem e enfrentem o medo juntos.

Versículo-chave: "Não tenha medo, pois eu estou com você" (Isaías 43.5).

9. *"Eu quero, é meu!" Compartilhamento versus o egoísmo.* O pecado original de Gênesis 3 é o egocentrismo e o egoísmo. Uma das primeiras declarações da criança é "Eu quero". O primeiro passo para vencer essa batalha é ajudar seu filho a compreender as

necessidades reais, ao invés de desejos e vontades. Em seguida, você deve ensiná-lo sobre o princípio de semear e colher, e que ele terá maior alegria em dar do que em receber.

Novamente, lembre-se de que o filho imita os pais. Se você se ressente em dar, reclama sempre que dá algo a seu filho, se recusa a dar ofertas e trazer as primícias para o Senhor, então ele não aprenderá a dar. Através de você, seu filho aprenderá a ser um doador ou um avarento.

Versículo-chave: "Dêem, e lhes será dado: uma boa medida, calcada, sacudida e transbordante será dada a vocês. Pois à medida que usarem também será usada para medir vocês" (Lucas 6.38).

10. *"Por quê?" Conhecimento versus ignorância.* O pai é um mestre. Você pode escolher ensinar seu filho ou omitir-se e deixar outros lhe ensinarem. Sua ignorância, falta de ensino e falta de conhecimento prejudicarão grandemente o desenvolvimento de seu filho. Encoraje-o a perguntar "por quê?" e aprender sobre tudo desde a criação até relacionamentos. Ensine-o sobre a natureza e os caminhos de Deus.

Negligenciar seu papel como orientador dá ao inimigo uma chance de encher a mente de seu filho com mitos e mentiras. O diabo é o pai da mentira e busca destruir a curiosidade e anular a verdade absoluta através do relativismo. Sempre que responder às perguntas de seu filho, faça-o de forma honesta. Quando você perceber que seu filho sabe a resposta, peça a ele para responder suas próprias perguntas.

Lembre-se de que cada criança tem uma forma diferente de aprender. O estilo de aprendizagem pode ser:

- *Ouvindo*: Aprende melhor ouvindo. Use palavras, sons e música.

- *Vendo*: Aprende melhor vendo. Use figuras, desenhos, vídeos, dvd's e cores.
- *Tocando*: Aprende melhor ao tocar, segurar, examinar com suas mãos. Use objetos, brinquedos de montar, texturas.
- *Praticando*: Aprende fazendo, praticando, tentando e usando. Use exercícios, jogos, equipamentos esportivos, materiais e instrumentos que ensinam.

Versículo-chave: "Instrua a criança..." (Provérbios 22.6).

11. *"Eu não gosto de você." Amor versus ódio*. Ajude seu filho a compreender e a administrar sentimentos de raiva. As Escrituras dizem: "Quando vocês ficarem irados, não pequem". Ao invés de dizer: "Você não deve sentir raiva", ajude seu filho a falar a respeito dela. Se ele possui um temperamento mais expansivo, pegue um espelho. Deixe que ele veja quão desagradável seu comportamento parece aos outros. Ensine-o a como responder de forma construtiva aos sentimentos de raiva. Ao invés de machucar os outros ou a si mesmo, ensine-o a compreender porque ele está com raiva. Se tem expectativas frustradas ou sentimentos que foram feridos, ensine-o sobre os perigos da ofensa e da falta de perdão.

O que você ama, seu filho aprenderá a amar. O que você odeia e lhe ofende, ofenderá também a ele. A melhor forma de ajudar seu filho a vencer a raiva é vencendo seus próprios sentimentos, palavras e ações movidos pela raiva. Ensine a seu filho As Cinco Linguagens do Amor que Gary Chapman identificou:

- Dar presentes
- Palavras de encorajamento
- Ações de serviço

- Toque físico
- Tempo de qualidade

Lembre-se que cada criança tem preferências freqüentemente moldadas pelo temperamento que possui e as demonstra em sua linguagem de amor tanto receptiva quanto expressiva. Aprenda a preferência de seu filho para dar e receber amor. Mostre qual é a sua preferência também.

Versículo-chave: "Amados, visto que Deus assim nos amou, nós também devemos amar uns aos outros" (1João 4.11).

12. *"Não!" Positivo versus negativo.* Bem antes da maioria das crianças aprender a dizer "sim", aprende o poder de dizer "não". Ser negativa, crítica e juíza de si mesma e de outros são atitudes que surgem naturalmente do pecado e da nossa natureza carnal.

A obediência, a submissão e a afirmação são contra a natureza carnal do homem. Mas, digo novamente, seus filhos aprendem com você. Se você disser "não" todo o tempo, é isso que ouvirão, aprenderão e sentirão.

Encontre maneiras afirmativas para corrigir, ao invés de críticas. Fixe-se naquilo que é *positivo*. Procure formas para continuamente fazer *depósitos* de afirmação, ao invés de fazer *saques* constantes através da desvalorização, crítica e punições dolorosas.

Versículo-chave: "Por isso, exortem-se e edifiquem-se uns aos outros, como de fato vocês estão fazendo" (1Tessalonicenses 5.11).

Jesus afirmou que nesse mundo teríamos aflições (João 16). Isso inclui crianças e adultos. Mas a boa nova é que em Cristo nós vencemos o mundo. Como pais, podemos ajudar nossos filhos a vencer as dificuldades e provas, as batalhas dentro de suas almas.

Nós fazemos isso ao:

- Compreender qual é a batalha.
- Compartilhar com eles nossas lutas.
- Orar juntos.
- Ensinar-lhes a Palavra, as promessas e sobre o poder de Deus para vencer.
- Declarar palavras de vida a eles e sobre eles.
- Responder às suas perguntas e necessidades com sabedoria.
- Pedir ao Espírito Santo para guiar, aconselhar e confortar nossos filhos e também a nós.

Lembre-se que você e seus filhos são mais que vencedores através do amor de Cristo. Lute por eles e ajude-os a lutar cada batalha na força do Senhor.

Valorizá-los preserva a herança que são para você da parte do Senhor e transmite bênção a eles e aos filhos deles. Dar-lhes valor os ajuda a vencer as aflições e provações, e a portarem-se como vencedores poderosos em Cristo Jesus e não como vítimas indefesas deste mundo.

SEÇÃO 3
ENSINANDO

Doze idéias de Deus que a criança deve aprender... e os pais devem ensinar

"Que todas estas palavras que hoje lhe ordeno estejam em seu coração. Ensine-as com persistência a seus filhos. Converse sobre elas quando estiver sentado em casa, quando estiver andando pelo caminho, quando se deitar e quando se levantar. Amarre-as como um sinal nos braços e prenda-as na testa. Escreva-as nos batentes das portas de sua casa e em seus portões."

Deuteronômio 6.6-9

INTRODUÇÃO

ENSINANDO A PALAVRA DE DEUS

Em cerca de trinta anos de pastorado, aconselhamento e ensino, tenho tido o privilégio de ensinar milhares de crianças e adolescentes. Descobri-me bastante desapontado ao ver adolescentes que não conhecem os fundamentos básicos da Palavra de Deus.

Por que não conhecem? Eles não tiveram pais que nos primeiros anos, de forma consistente, diária e presente lhes ensinassem a Palavra de Deus. A verdade é simples: Esconda a Palavra de Deus no coração da criança e a Palavra a manterá longe do pecado (Salmo 119).

É bastante fácil para a maioria das crianças aprender as histórias e personagens da Bíblia na escola dominical ou através da sua experiência na igreja. Mas conhecer as verdades absolutas da Palavra de Deus, os princípios eternos e doutrinas que a fundamentam, freqüentemente não é o que ocorre.

DOZE IDÉIAS DE DEUS PARA FILHOS

Nas páginas seguintes, quero mostrar a você 12 Idéias de Deus que cada criança deve esconder em seu coração antes que entre na pré-adolescência. Cada idéia traz um versículo à memorizar e sugestões para compartilhar em cada estilo de aprendizagem: ouvindo, vendo, tocando, falando e praticando.

1. *Separe tempo.* Tenha uma Bíblia infantil para ler com seu filho todos os dias. Em caso de dúvida, converse com seu pastor.

2. *Ensine as idéias de Deus.* A cada mês, começando a partir do primeiro até o sexto aniversário de seu filho, enfoque cada uma dessas doze verdades. Escolha histórias bíblicas para ler com ele que reforcem a *Grande Idéia*. Leia as mesmas histórias várias vezes, até que seu filho possa apontar as ilustrações e contar a história sozinho.

3. *Memorize* o versículo sugerido para cada Idéia de Deus. Escreva-o em lugares que seu filho possa ver: lousas, cartazes, telas do computador, espelhos, etc. Se você tiver uma Bíblia infantil, possivelmente ela conterá versículos adicionais para memorizar sugeridos em cada história. Também obtenha material didático infantil apropriado para ensinar sobre as Escrituras.

4. *Permaneça na Palavra de Deus.* Em cada lugar que você for, seja proativo e intencionalmente ensine a Idéia de Deus, o versículo para memorização e as histórias bíblicas em todo o tempo. Deuteronômio 6 registra a ordem de Deus para ensinar seu filho ao levantar e ao deitar, ao sair e ao voltar. Onde quer que você vá, conserve as Idéias de Deus diante dele. Use fantoches para ajudá-lo a contar histórias e a ensinar como agir em certas situações, para que seu filho aprenda como compartilhar, ser gentil com os outros, atentar para aquilo que os pais dizem, etc.

5. *Compreenda o processo de ser dirigido pela presença de Deus.* Permaneça na Presença de Deus continuamente com adoração, a Palavra, oração e uma vida consagrada a Jesus. Perceba que a presença de Deus traz propósito à sua vida. Não vá a lugar algum sem que Deus vá à sua frente (Êxodo 33). Permaneça no propósito (Eclesiastes 3.1-2). Lembre-se de que um propósito gerado na presença de Deus trará à luz uma abundancia de planos (Jeremias 29.11; João 10.10; Salmo 37) que darão a você várias idéias para implementar o propósito dele.

Ore. Seja paciente. Persistente. Não desista. Mesmo se você fracassar em um plano, vá para o próximo. Se prosseguir mantendo-se no propósito, e fixando seus olhos em Jesus, não poderá falhar! Cada plano trará prosperidade (Salmo 1) e bom fruto (João 15) em sua vida. Esse fruto tem substância para sustentá-lo hoje, assim como semente para você semear em colheitas futuras.

6. *Permaneça alerta!* (1Coríntios 16.13). Ore continuamente. Guarde as portas da vida de seu filho: outras pessoas, amiguinhos, babás, mídia, brinquedos, jogos, tudo e todos que ensinem ou influenciem seu filho precisam ser vigiados por você, como pai ou mãe.

7. *Relacione-se* com seu filho. Passem tempo juntos. Use todas as linguagens de amor: palavras de encorajamento, presentes, toque físico, ações de serviço e tempo de qualidade. Discipline para ensinar e corrigir, não para ferir e maltratar. O que você semeia em verdade hoje, trará uma colheita eterna na vida dele. Você deixará uma boa herança para sua semente e para a semente de sua semente!

Nas páginas seguintes detalharei para você as Idéias de Deus em relação a seus filhos. Ensine uma delas a cada mês. Eu faço a seguinte oração por você:

Poderoso Deus,
Conceda a teu filho, este pai,
toda a sabedoria, conhecimento e compreensão.
Que ele saiba ensinar, falar e viver a tua Palavra.
Que seja cheio da tua Presença.
Que seja proativo em todos os atos e palavras.
Que caminhe no Espírito, transferindo vida para cada
filho e membro de sua família.
No poderoso nome de Jesus. Amém.

IDÉIA DE DEUS N.º 1

. . . .

DEUS FEZ TODAS AS COISAS

Essa verdade bíblica responde perguntas de seus filhos:

- De onde eu vim?
- Quem me fez? Quem fez as outras pessoas, animais, plantas e o mundo?
- Quem fez a lua, as estrelas e o sol?
- Por que eu nasci?
- Quem é a minha fonte em todas as coisas na minha vida?

OUVINDO: Versículo para memorização: "No princípio Deus criou os céus e a terra" (Gênesis 1.1).

Fale esse versículo repetidamente com seu filho durante o dia. Escreva-o no espelho do banheiro. Fale esse versículo quando você sair de casa e ao voltar. Enquanto dirige, faça um joguinho com seu filho para observar todas as coisas e pessoas que Deus criou.

Outros versículos a incluir: Gênesis 1.21,27; 2.4; 5.1; Malaquias 2.10a.

VENDO: Use todo tipo de objeto que as crianças possam olhar e diga: "Deus criou...". Esses objetos incluem o globo terrestre, mapas, espelhos, figuras de animais e plantas, pessoas, os céus, etc.

- Peça a seu filho para olhar-se no espelho diariamente e dizer: "Deus me fez".
- Pegue as fotografias de sua família. Peça a seu filho para apontar alguém da foto e dizer: "Veja, Deus fez...".

- Onde quer que a televisão esteja ligada, aponte para pessoas diferentes, criaturas ou coisas que Deus fez, através de programas de canais como Discovery, National Geographic (ou algum outro que fale sobre a natureza e que você como pai assistiria e aprovaria).

TOCANDO: Vá ao zoológico para ver os animais que Deus criou. Use animais de pelúcia para seu filho tocar e dizer: "Deus criou...". Tudo que ele tocar pode ser um momento de ensino para você mostrar-lhe que Deus criou a comida, as roupas, etc.

FALANDO: Fale o versículo para memorização e a Idéia de Deus onde quer que você vá. Utilize-os nas orações. Faça declarações contínuas baseadas na Idéia de Deus durante o dia:

> Deus fez você.
> Deus fez a mamãe.
> Deus fez o papai.
> Deus fez o cachorrinho e o gato.
> Deu fez as estrelas.
> Deus fez sua comida.

FAZENDO: *Deus criou e me fez para criar.* Encoraje o uso de jogos criativos nos quais seu filho observe ilustrações daquilo que Deus criou. Juntos, moldem essas figuras em argila. Vá a lugares para explorar a criação, tais como o zoológico, praia, montanhas, etc. Colha flores, pedras e objetos que Deus criou.

ORANDO: Ore com seu filho:

> *Obrigada, Deus, por fazer todas as coisas.*
> *Obrigada, Deus, por me fazer de forma especial. Amém.*

IDÉIA DE DEUS Nº 2

OBEDEÇA A VOZ DE DEUS

Essa verdade bíblica responde à perguntas de seus filhos, tais como:

- Como posso ouvir a voz de Deus?
- Deus fala comigo quando eu oro?
- O que Deus quer que eu faça?
- Quem me diz o que fazer?

OUVINDO: Versículo para memorização: "... obedeçam em tudo ao Senhor" (Deuteronômio 15.5).
Fale esse versículo repetidamente com seu filho durante o dia. Escreva-o no espelho do banheiro. Fale esse versículo quando sair de casa e ao voltar. Enquanto dirige, convide seu filho para permanecer em silêncio com você para juntos ouvirem a voz de Deus. Diga a ele para pensar várias vezes (meditar) sobre este versículo. Peça que compartilhe com você o que ouviu Deus falar.
Outros versículos a incluir: 1Reis 19.12; Salmo 46.10; Isaías 28.23; João 10.2.

VENDO: Escreva os Dez Mandamentos de uma forma simples num cartaz para seu filho. Convide-o a pegar lápis ou giz de cera e fazer figuras e desenhos que representem o que cada mandamento quer dizer para você e para ele. Dê algumas idéias do que desenhar. Você pode também usar pintura a dedo para auxiliá-lo. O texto abaixo pode ajudar a simplificar os mandamentos de Deus. Sempre que você ver um dos cartazes, fale o mandamento e faça seu filho repeti-lo.

Após algum tempo, ele será capaz de dizer o mandamento assim que você apontar para o cartaz. Aqui está o texto de Deuteronômio 6.7-21 na versão CEV (Contemporary English Version). Você pode usar a que julgar melhor.

1   Não adore qualquer Deus além de mim.
2   Não se incline diante dos ídolos, nem os adore. Sou o Senhor seu Deus e quero todo o seu amor.
3   Não use meu nome de forma errada.
4   Mostre respeito pelo dia de sábado: ele pertence a mim.
5. Respeite seu pai e sua mãe, e você terá uma vida longa e bem-sucedida na terra que dou a você.
6   Não cometa homicídio.
7   Seja fiel no casamento.
8   Não roube.
9   Não fale mentiras a respeito dos outros.
10 Não queira nada que pertença à outra pessoa.

TOCANDO: Escolha certos objetos ao redor da casa que seu filho *não* possa tocar. Escolha outros objetos que ele possa tocar.

Uma vez ao dia, diga: "Vamos obedecer à voz da mamãe". Saia andando e aponte para os objetos, dizendo "toque" ou "não toque".

Ensine seu filho que obedecer a sua voz sobre o que pode ser tocado é como obedecer à voz de Deus.

FALANDO: Fale o versículo de memorização e a Idéia de Deus onde quer que você vá. Utilize-os nas orações. Faça contínuas declarações baseadas na Idéia de Deus através do dia:

Obedeça a voz de Deus.
Obedeça a voz da mãe.
Obedeça a voz do papai.
Obedeça à Bíblia.
Obedeça a voz de... (alguma autoridade).

FAZENDO: Tenha uma fita ou CD das Escrituras ou grave por si mesmo as histórias de uma Bíblia infantil! Deixe seu filho ouvir a fita ou CD freqüentemente. Diga a ele: "As palavras da Bíblia são as palavras de Deus para nós. Nós obedecemos à voz de Deus".

ORANDO:

Deus,
Eu sempre quero obedecer a sua voz.
Amém.

IDÉIA DE DEUS Nº 3

ESCOLHA O CAMINHO DE DEUS

Essa verdade bíblica responde à perguntas de seus filhos, tais como:

- Como posso saber o que é certo?
- Qual é a maneira certa de fazer isso?
- Qual é a verdade?
- O que Deus deseja?

OUVINDO: Memorize o versículo: "Este é o Deus cujo caminho é perfeito" (2Samuel 22.31).
Diga esse versículo repetidamente com seu filho através do dia. Escreva-o no espelho do banheiro. Diga esse versículo quando sair de casa e ao voltar. Enquanto dirige, fale esse versículo com seu filho. Antes de comer, repita-o.
Outros versículos a incluir: Jó 23.11; Salmo 37.23; Provérbios 10.29.

VENDO: Arrume os brinquedos ou dobre as roupas como uma maneira de seu filho ver a forma de Deus agir. Aponte para um quarto desarrumado e diga: "Veja, esta não é a maneira de Deus agir. A maneira de Deus é que as coisas estejam em seu lugar e em ordem. Arrume seu quarto de uma forma que agrade a Deus". Quando o quarto estiver arrumado, a cama feita ou as roupas dobradas, afirme: "Esse quarto está arrumado do jeito de Deus". Sempre que seu filho precisar fazer algo com excelência, ensine-o a como agir corretamente. Então, diga: "É isso mesmo. Você aprendeu como fazer. Esta é a maneira de Deus".

TOCANDO: Recorte figuras do tamanho do pé de seu filho. Peça a ajuda dele, se ele conseguir fazê-lo. Em cada uma das pegadas escreva uma palavra do versículo. Com o pé descalço, faça para seu filho caminhar sobre as figuras, ao menos uma vez por dia durante esse mês, e dizer o versículo à medida que caminha sobre as palavras.

FALANDO: Fale o versículo para memorização e a Idéia de Deus por onde quer que você vá. Use-os nas orações. Faça contínuas declarações baseadas na Idéia de Deus através do dia:

>Eu tomarei boas decisões.
>Eu farei escolhas certas.
>Eu quero fazer o que é certo.
>Eu posso fazer o que é certo.
>Eu posso escolher não fazer coisas erradas.

FAZENDO: A maneira de Deus preparar-nos para comermos uma refeição é agradecendo pela comida (1Coríntios 10.30). Ensine a seu filho uma oração de gratidão para ser feita antes das refeições. Ensine que esse é um mandamento de Deus, e então peça a ele que faça a oração antes de comer.

ORANDO:

>*Deus, mostre-me o teu caminho.*
>*Ajude-me a escolher o teu caminho.*
>*Amém.*

IDÉIA DE DEUS Nº 4

AME A DEUS DE TODO O CORAÇÃO

Essa verdade bíblica responde à perguntas de seus filhos, tais como:

- Eu sou amado?
- Quem eu amo?
- Como eu posso amar a Deus?

OUVINDO: Memorize o versículo: "Ame o SENHOR, o seu Deus, de todo o seu coração" (Deuteronômio 6.5).
Fale esse versículo repetidamente com seu filho durante o dia. Escreva-o no espelho do banheiro. Diga esse versículo quando sair de casa e ao voltar. Durante o dia, diga repetidamente: "Eu amo você. Deus ama você. Ame a Deus totalmente".
Outros versículos a incluir: Mateus 22.37; Lucas 10.27; Romanos 10.9; 1João 4.

VENDO: Ligue a TV e aponte pessoas adorando a Deus e cantando. Diga: "Veja, essas pessoas estão amando a Deus". Ore por seu filho. Abençoe-o. Então, lhe diga: "Eu estou amando a Deus quando oro por você".
Deixe seu filho ajudá-lo a preparar sua oferta para a igreja. Então, diga: "Veja, ofertar é uma forma de amar a Deus completamente".
Deixe seu filho vê-lo orar, adorar e dar, e então fale: "Você está me vendo amar a Deus completamente".

TOCANDO: Deixe seu filho dar a oferta. Enquanto ele pega a oferta e a entrega, diga-lhe: "Dar é uma forma de amar a Deus". Deixe seu filho bater palma e dançar durante a adoração. Dessa forma, ele usará o toque como expressão do seu amor a Deus.

FALANDO: Fale o versículo de memorização e a Idéia de Deus onde quer que você vá. Utilize-os nas orações. Faça contínuas declarações baseadas na Idéia de Deus durante o dia:

> Ame a Deus de todo o seu coração.
> Ame-o com toda a sua força.
> Ame a Deus com todo o seu entendimento.
> Ame a Deus com toda sua alma.

FAZENDO: Fale a respeito dos sentimentos de seu coração com relação a Deus. Ajude seu filho a falar sobre os sentimentos de amor que ele tem por Deus. Fale sobre seus pensamentos a respeito de Deus. Em tudo que você fizer nesse mês, fale com seu filho sobre o quanto você ama a Deus.

ORANDO:

> *Deus, eu te amo de todo o meu coração.*
> *Amém.*

IDÉIA DE DEUS Nº 5

AME AOS OUTROS E A SI MESMO

Essa verdade bíblica responde à perguntas de seus filhos, tais como:

- Quem eu devo amar?
- Eu posso amar a mim mesmo?

OUVINDO: Versículo para memorização: "Ame o seu próximo como a si mesmo" (Marcos 12.31).
Fale esse versículo repetidamente com seu filho durante o dia. Escreva-o no espelho do banheiro. Fale esse versículo quando sair de casa e ao voltar. Enquanto dirige o carro, peça a seu filho para repetir o versículo após você. Diga a ele para pensar várias vezes (meditar) sobre este versículo.
Outros versículos a incluir: João 13.34; 15.12,17; Romanos 13.8; 1João 3.23; 4.7-12.

VENDO: Deixe seu filho ver você beijar, abraçar e tocar de forma apropriada seu cônjuge. Em tudo que você fizer, explique a seu filho o quanto você ama seu esposo.

TOCANDO: Use abraços, beijos e toques apropriados para comunicar seu amor a seu filho. Incentive-o a expressar amor com toque físico.
Seja qual for a forma que você tocar com amor, diga: "Esse toque é uma maneira de mostrarmos nosso amor aos outros".

FALANDO: Fale esse versículo de memorização e a Idéia de Deus por onde você for. Utilize-os nas orações. Faça declarações contínuas baseadas na Idéia de Deus durante o dia:

    Ame a Deus.
    Ame a mamãe.
    Ame o papai.
    Ame os outros.
    Ame a si mesmo.

FAZENDO: Encontre uma maneira, durante este mês, para expressar amor aos outros na frente de seu filho, com todas as linguagens de amor. As linguagens de amor são: dar presentes, toques físicos, atos de serviço, tempo de qualidade e palavras de encorajamento. Ensine a seu filho o conceito de amar em cada uma dessas expressões. Fale sobre o que você está fazendo.

ORANDO:

Deus,
Ajude-me a amar os outros.
Ajude-me a amar a mim mesmo.
Amém.

IDÉIA DE DEUS Nº 6

O PRESENTE DE AMOR DE DEUS PARA MIM É JESUS

Essa verdade bíblica responde à pergunta de seus filhos, tais como:

- Como posso saber que Deus me ama?
- Qual é o maior presente de todos?
- O que é o amor verdadeiro?

OUVINDO: Versículo para memorização: "Porque Deus tanto amou o mundo que deu o seu Filho Unigênito" (João 3.16). *Fale* esse versículo repetidamente com seu filho durante o dia. Escreva-o no espelho do banheiro. *Fale* esse versículo quando sair de casa e ao voltar. Enquanto dirige o carro, faça seu filho repetir o versículo de memorização após você. Peça para ele pensar, vez após vez (meditar), sobre este versículo.
Outros versículos a incluir: Atos 11.17; Romanos 5.17; 6.23.

VENDO: Faça um grande pacote de presente e diga a seu filho durante o mês que dentro desse embrulho está o presente de Deus para ele. Coloque dentro do pacote uma figura de Jesus. No final do mês, desembrulhe o presente.

TOCANDO: Durante esse mês, embrulhe pequenos presentes para seu filho dar a alguém: membros da família, amigos de escola e da igreja. Dentro do pacote coloque algo que represente

Jesus. Deixe seu filho tocar outros com o presente que Jesus representa para nós.

FALANDO: Fale o versículo de memorização e a Idéia de Deus por onde você for. Utilize-o nas orações. Faça declarações contínuas baseadas na Idéia de Deus durante o dia:

> Deus me ama.
> Jesus me ama.
> O presente de Deus para mim é Jesus.
> Eu amo a Jesus.

FAZENDO: Quando seu filho acordar, encoraje-o a dizer: "Eu te amo, Jesus". Quando seu filho for deitar à noite, ensine-o a dizer: "Eu te amo, Jesus".

ORANDO:

> *Deus, obrigado por Jesus,*
> *Seu presente de amor para mim.*
> *Amém.*

IDÉIA DE DEUS Nº 7

CONFIANDO TOTALMENTE EM JESUS

Essa verdade bíblica responde à perguntas de seus filhos, tais como:

- Jesus cumprirá suas promessas em minha vida?
- Posso confiar em Jesus sempre como meu amigo?

OUVINDO: Versículo para memorização: "Creiam em Deus; creiam também em mim" (João 14.1).
Fale esse versículo repetidamente com seu filho durante o dia. Escreva-o no espelho do banheiro. Fale esse versículo quando sair de casa e ao voltar. Peça a seu filho para pensar várias vezes (meditar) sobre este versículo.
Outros versículos a incluir: João 14.1-2; Romanos 10.9; Atos 8.37; 16.31; 1João 3.23.

VENDO: Coloque figuras de Jesus em várias partes de sua casa. Diga a seu filho: "Onde quer que você vá e achar uma figura de Jesus, deve dizer em voz alta: *Eu posso confiar em Jesus*. Lembre-se de que não importa onde esteja ou o que esteja fazendo, você pode confiar em Jesus".

TOCANDO: Faça uma brincadeira em que seu filho se atira em seus braços e você o segura. Explique-lhe que confiar em Jesus é semelhante a essa situação. Deixe seu filho vendar seus olhos e seguramente guiá-lo pela mão. Faça o mesmo com ele. Fale como essa caminhada é semelhante a confiar em Jesus.

FALANDO: Fale o versículo de memorização e a Idéia de Deus por onde quer que você vá. Utilize-os nas orações. Faça declarações contínuas baseadas na Idéia de Deus durante o dia:

> Eu confio em Jesus.
> Jesus pode confiar em mim.
> Jesus cumpre suas promessas.
> Eu posso confiar na mamãe (ou no papai) para me falarem a respeito de Jesus.

FAZENDO: A cada dia, faça uma promessa para Jesus e leia uma promessa dele. Aja de maneira a cumprir sua promessa. Fale todos os dias sobre o fato de Jesus estar cumprindo suas promessas. Sempre que você for comer uma refeição, vestir-se, receber seu salário, dirigir seu carro ou desfrutar de alguma bênção, diga a seu filho: "Nós podemos confiar que Jesus tomará conta de nós porque...".

ORANDO:

> *Jesus, eu confio em você.*
> *Amém.*

IDÉIA DE DEUS Nº 8

. . . .

PEÇA A DEUS PARA PERDOAR VOCÊ. PERDOE OS OUTROS

Essa verdade bíblica responde à perguntas de seus filhos, tais como:

- Deus me perdoará quando eu fizer algo errado?
- Eu tenho que perdoar você (e os outros)?
- Como posso perdoar?
- Como peço perdão?

OUVINDO: Versículo para memorização: "Se perdoarem as ofensas uns dos outros, o Pai celestial também lhes perdoará" (Mateus 6.14).
Fale esse versículo repetidamente com seu filho durante o dia. Escreva-o no espelho do banheiro. Fale esse versículo quando sair de casa e ao voltar. Enquanto estiver dirigindo, peça a seu filho para repetir esse versículo após você. Diga-lhe para pensar várias vezes (meditar) sobre este versículo.
Outros versículos a incluir: Marcos 11.25-26; Lucas 11.4; 17.1-4; 1João 1.9.

VENDO: Durante este mês, deixe seu filho vê-lo orar, pedindo perdão a Jesus por seus pecados. Ensine seu filho a como pedir perdão através da oração.

TOCANDO: Durante esse mês, sempre que seu filho tocar em alguma coisa que não poderia tocar, ensine-o a pedir perdão. Faça fantoches (com meias) com seu filho para colocar em suas mãos. Ensine-o a como pedir perdão a um amigo através dos fantoches.

FALANDO: Fale o versículo de memorização e a Idéia de Deus onde quer que você vá. Utilize-os nas orações. Faça contínuas declarações baseadas na Idéia de Deus durante o dia:

> Quando estou errado e peço perdão, Deus me perdoa.
> Deus quer que eu perdoe aos outros.
> Eu posso pedir perdão.
> Eu posso perdoar aos outros.

FAZENDO: Quando você fizer algo errado para seu filho, peça perdão. Quando ele fizer algo errado, ensine-o imediatamente a pedir perdão. Orem juntos por perdao. Quando seu filho sentir se ferido por outra pessoa, ensine-o a perdoá-la imediatamente e a orar pela sua ferida.

ORANDO:

Deus,
Quando eu errar, por favor, que o Senhor me perdoe.
Ajude-me a perdoar os outros.
Amém.

IDÉIA DE DEUS Nº 9

. . . .

O ESPÍRITO DE DEUS HABITA EM MIM

Essa verdade bíblica responde à perguntas de seus filhos, tais como:

- Como Deus pode viver em mim?
- Deus vê tudo o que eu faço?
- Deus poderá me ajudar?
- Como Deus pode me ajudar?
- Por que é tão difícil fazer isso?

OUVINDO: Versículo para memorização: "O Espírito de Deus habita em vocês" (1Coríntios 3.16).
Fale esse versículo repetidamente com seu filho durante o dia. Escreva-o no espelho do banheiro. Fale esse versículo quando sair de casa e ao voltar. Enquanto dirige, peça a ele que repita o versículo após você. Diga a seu filho para pensar várias vezes (meditar) sobre este versículo.
Outros versículos a incluir: Lucas 11.13; 1Coríntios 6.19; 2Timóteo 1.14.

VENDO: Corte corações de papel vermelho com a figura de Jesus no centro e coloque-os por todo lugar em sua casa. Peça que seu filho o ajude. Diga a ele que sempre que encontrar um desses corações, pode lembrar-se de que o Espírito de Deus habita em seu coração e pode ajudá-lo.

TOCANDO: Encontre algo realmente pesado para que seu filho levante. Ajude-o a levantar o objeto. Então lhe diga: "Assim como ajudei você a levantar essa coisa pesada, o Espírito de Deus remove os sentimentos ruins que pesam em seu coração". Faça isso freqüentemente durante este mês. Peça que seu filho coloque a mão dentro de um dos fantoches. Explique-lhe que assim como a mão dele "habita" dentro daquele fantoche e traz vida a ele, da mesma forma o Espírito de Deus habita em nós.

FALANDO: Fale o versículo de memorização e a Idéia de Deus onde quer que você vá. Utilize-os nas orações. Faça declarações contínuas baseadas na Idéia de Deus durante o dia:

> Deus, meu auxílio, habita em mim.
> Deus sempre me ajuda.
> O Espírito de Deus está sempre por perto.
> Eu posso ouvir o Espírito de Deus.

FAZENDO: Durante esse mês, quando seu filho disser a você que algo é difícil ou que está tentando fazer algo difícil, ajude-o. Então, diga a ele: "Lembre-se: assim como ajudo você em coisas difíceis, o Espírito de Deus está sempre ao seu lado para ajudá-lo".

ORANDO:

> *Deus,*
> *Obrigado pelo seu Espírito Santo que habita em mim.*
> *Amém.*

IDÉIA DE DEUS Nº 10

EU PERTENÇO A JESUS

Essa verdade bíblica responde à perguntas de seus filhos, tais como:

- Eu sempre terei um lar?
- Eu sempre terei uma família?
- A quem eu pertencerei para sempre?

OUVINDO: Versículo para memorização: "Por vocês pertencerem a Cristo" (Marcos 9.41).

Fale esse versículo repetidamente com seu filho durante o dia. Escreva-o no espelho do banheiro. Fale esse versículo quando sair de casa e ao voltar. Enquanto dirige, faça seu filho repetir esse versículo após você. Peça a ele para pensar várias vezes (meditar) sobre este versículo.

Outros versículos a incluir: 1Coríntios 3.23; 2Coríntios 10.7; Gálatas 3.29; 5.24.

VENDO: Pegue o álbum de retratos da família. Compartilhe com seu filho sobre o que é pertencer à uma família. Ensine que ele pertence à família de Deus ao confiar em Jesus.

TOCANDO: Quando vocês orarem em família, dêem as mãos em círculo. Explique: "Esse é um círculo de amor em Jesus. Pertencemos à família de Jesus. Nós seguramos as mãos uns dos outros para nos lembrarmos que pertencemos a família de amor de Jesus".

FALANDO: Fale o versículo de memorização e a Idéia de Deus onde quer que você vá. Utilize-os nas orações. Faça declarações contínuas baseadas na Idéia de Deus durante o dia:

> Eu pertenço à família de Deus.
> Eu sou filho de Deus.
> Sou especial para Jesus.

FAZENDO: Enquanto você dirige em direção à igreja durante este mês, fale sobre pertencer a Jesus e à sua família de amor. Enfatize quão importante e especial seu filho é para Jesus.

ORANDO:

> *Jesus,*
> *Eu sou muito feliz por pertencer a ti.*
> *Amém*

IDÉIA DE DEUS Nº 11

FAZENDO O QUE JESUS DIZ PARA FAZER

Essa verdade bíblica responde à perguntas de seus filhos, tais como:

- O que é certo fazer?
- O que eu não devo fazer?
- O que Jesus deseja?

OUVINDO: Versículo para memorização: "Vocês serão meus amigos, se fizerem o que eu lhes ordeno" (João 15.14). Fale esse versículo repetidamente com seu filho durante o dia. Escreva-o no espelho do banheiro. Fale esse versículo quando sair de casa e ao voltar. Enquanto dirige, faça seu filho repetir esse versículo após você. Peça a ele para pensar várias vezes (meditar) sobre este versículo.
Outros versículos a incluir: João 13.34; 15.9-17; 21.15-17; 1João 4.7-11.

VENDO: Pegue vários desenhos de seu filho. Abaixo de cada um escreva: "_____ (nome da criança) é amigo de Jesus". Cole os desenhos por toda a casa. Cada vez que você ver o desenho, converse com seu filho sobre o que significa ser amigo de Jesus e fazer o que Ele diz.

TOCANDO: Ore por seu filho. Toque nos ouvidos dele e ore: "Ajude _____ a ouvir a Jesus". Toque em seus lábios e ore: "Ajude _____ a dizer coisas agradáveis como Jesus diria".

Toque em suas mãos e ore: "Ajude _____ a usar suas mãos para obedecer ao que Jesus manda". Ore dessa forma freqüentemente durante este mês.

FALANDO: Fale o versículo de memorização e a Idéia de Deus por onde quer que você vá. Utilize-os em suas orações. Faça declarações contínuas baseadas na Idéia de Deus durante o dia:

> Eu obedecerei a Jesus.
> Faço o que Jesus diz.
> Amar a Jesus é obedecer a Jesus.

FAZENDO: Leia a história do bom samaritano para seu filho, contida em Lucas 10. Utilize uma Bíblia infantil. Durante o mês, fale sobre as maneiras como você pode ajudar as pessoas porque é isso que Jesus disse para fazer e, então, inclua seu filho quando for ajudar alguém. Exemplo: visite um doente idoso e leve um presente; deixe seu filho ajudá-lo a preparar uma refeição para alguém que esteja doente; faça algum trabalho para ajudar uma outra família.

ORANDO:

Jesus,
Eu farei o que o Senhor disse para fazer.
Amém.

Idéia de Deus Nº 12

JESUS ESTÁ SEMPRE COMIGO

Essa verdade bíblica responde à perguntas de seus filhos, tais como:

- Eu estou sozinho?
- Jesus me deixará se eu fizer algo errado?
- O que acontecerá amanhã?

OUVINDO: Versículo para memorização: "Eu estarei sempre com vocês" (Mateus 28.20).
Fale esse versículo repetidamente com seu filho durante o dia. Escreva-o no espelho do banheiro. Fale esse versículo quando sair de casa e ao voltar. Enquanto dirige, faça seu filho repetir esse versículo após você. Peça a ele para pensar várias vezes (meditar) sobre este versículo.
Outros versículos a incluir: Deuteronômio 31.6; Hebreus 13.5.

VENDO: Junte todas as figuras de Jesus que você tem. Coloque-as por toda a casa e em seu carro. Cada vez que você ver uma dessas figuras, diga a seu filho: "Lembre-se: Jesus está conosco sempre".

TOCANDO: Subitamente, quando seu filho menos esperar, segure-o, abrace-o e ore: "Obrigado, Jesus, por estar conosco agora mesmo. Amém". Use os fantoches e faça uma pequena peça sobre Jesus estar conosco quando sentimos medo.

FALANDO: Fale o versículo para memorização e a Idéia de Deus onde quer que você vá. Utilize-os nas orações. Faça declarações contínuas baseadas na Idéia de Deus durante o dia:

> Deus está sempre comigo.
> Jesus está sempre comigo.
> O Espírito Santo está sempre comigo.
> Eu nunca estou só.

FAZENDO: Em cada dia deste mês, pergunte a seu filho: "Quem ama você?" ou "Quem está aqui agora mesmo?". Gritem juntos: "Jesus!".

ORANDO.

Jesus.
Obrigada por estar sempre comigo.
Amém.

UM PENSAMENTO FINAL

Pais, vocês são presentes de Deus para seus filhos, e eles são um presente de Deus para vocês.

Lembre-se dessas importantes verdades:

- Paternidade exige tempo.
- O pai (mãe) é um mestre.
- Você é a primeira imagem de Deus que seu filho vê.
- Ore freqüentemente com ele, em voz alta.
- Seja uma janela para que seu filho enxergue a Deus.
- Seus toques transferem o toque de Deus a ele.
- Freqüentemente a pessoa que tem a difícil tarefa de enxergar as coisas invisíveis de Deus são os pais, e não o filho.
- A disciplina ensina e corrige; nunca humilha ou maltrata.

- A semente da Palavra de Deus que você semeia em seu filho nos primeiros anos, trará uma colheita do fruto do Espírito mais tarde na vida dele.
- Seja proativo em tudo que você faz com seu filho. Evite ser reativo. Aja hoje tendo o futuro dele em mente. Somente faça e diga aquilo que é eterno, duradouro e vindo do Pai.

Judi e eu oramos por você e sua família!

Senhor Jesus,
Encha esses pais preciosos com tua sabedoria e amor.
Treine-os para ensinar seus filhos em teus caminhos.
Fortaleça-os para que valorizem tudo a respeito deles, incluindo as provações e os temperamentos. Ensine-os a como comunicar-lhes a tua Palavra, em cada atitude e palavra.
Encha estes pais com o teu Espírito para que em tudo eles, como teu Filho Jesus, sejam proativos e dirigidos pela tua presença.
Amém.

APÊNDICE 1

FASES DE DESENVOLVIMENTO DA CRIANÇA

Judi e eu sempre somos questionados: "Meu filho é de tal jeito. Isso é normal?". Assim, Judi pesquisou uma série de fontes para compilar uma lista resumida de habilidades normais para cada fase da criança. Ela tem experiência como enfermeira especializada em cuidados neonatais, berçário e pediatria.

Um dos melhores sites da internet sobre o assunto é www.growingchild.com. Uma busca na internet com as palavras "Childhood Development Milestones", dará a você uma maravilhosa seleção de informações. A lista que se segue é simplesmente um resumo que Judi preparou para responder rapidamente a algumas de suas perguntas iniciais.

Faixa etária	Atividades
1-2 meses	Coloca as mãos na boca e chupa o dedo (habilidade motora em fase inicial). Levanta o queixo

	do chão enquanto está de bruços (habilidade motora em fase inicial). Focaliza-se em seu rosto (habilidade visual). Observa o som da campainha ou outro barulho com susto, choro ou calada (habilidade auditiva).
5 semanas-2 meses	Sorri (habilidade social/emocional).
2-3 meses	Balbucia alguns sons (habilidade de comunicação). Levanta a cabeça de 30° a 45° quando deita de bruços (habilidade motora em fase inicial). Segue com os olhos um objeto até 15 cm acima do rosto (habilidade visual). Dá chutes vigorosamente (habilidade motora em fase inicial). Pega voluntariamente um objeto (habilidade motora avançada).
2-4 meses	Traz as duas mãos juntas (habilidade motora avançada). Usa dois sons diferentes (habilidade social/emocional).
2-5 meses	Grita de prazer (habilidade social/emocional). Movimenta a cabeça em busca do barulho e de localizar som (habilidade de comunicação). Gosta de ser levantada pelas mãos da posição de sentada ou deitada (habilidade social).
4 meses	Gosta de ser levantada da posição deitada para a posição de sentar, mas é incapaz de manter-se nessa posição (habilidade motora em fase inicial).

2-6 meses	Rola de barriga para baixo e de barriga para cima (habilidade motora em fase inicial). Mantém a cabeça fixa e as costas retas quando levantada (habilidade motora em fase inicial).
4-7 meses	Ativamente agarra coisas com as duas mãos, como brinquedos pendurados, e usa a mão inteira para pegar objetos (habilidade motora avançada). Quase consegue se erguer à posição de sentar-se (habilidade motora em fase inicial). Verbaliza usando vogais e consoantes combinadas Ex.: ah, gu (habilidade de comunicação).
4-8 meses	Percebe a imagem refletida no espelho (comunicação). Carrega algum peso nas pernas (habilidade motora em fase inicial). Rola de trás para frente e de frente para trás (habilidade motora em fase inicial). Faz quatro diferentes sons (habilidade de comunicação).
5-8 meses	Alcança os dedos do pé e brinca com eles (habilidade motora em fase inicial). Passa objetos de uma mão para a outra (habilidade motora avançada). Tenta levantar objetos grandes (habilidade motora em fase inicial).
4-10 meses	Senta-se por pelo menos um minuto sem apoio (habilidade motora em fase inicial).
5-9 meses	Mantém-se de gatinhas, mas não engatinha ainda (habilidade motora em fase inicial). Distin-

	gue pessoas estranhas; pode chorar à vista de um rosto que não é visto todos os dias (habilidade social/emocional).
6-8 meses	Alimenta-se com biscoito (habilidade motora avançada). Busca por um pequeno objeto (exemplo: uma uva passa) e o apanha (habilidade motora avançada). Volta-se em direção à pessoa que está falando (habilidade de comunicação). Imita gestos e expressões faciais tais como: dar "tchau", bater palmas, fechar os olhos, brincar de "esconder o rosto e aparecer" (habilidade social/emocional).
6-10 meses	Consegue levantar o tronco e se sentar; senta-se sem apoio (habilidade motora em fase inicial).
6-11 meses	Fica de pé com as duas pernas quando suas mãos são seguradas (habilidade motora em fase inicial).
6-9 meses	Aprende a avaliar o quanto algo é pesado (habilidade motora avançada). Manipula objetos de várias maneiras (habilidade motora avançada). É capaz de distinguir as vozes de pessoas familiares e sons de objetos familiares (habilidade de comunicação).
7-13 meses	Permanece segurando em alguém ou algo e pode levantar-se da posição sentada para uma posição em pé (habilidade motora em fase inicial).

FASES DE DESENVOLVIMENTO DA CRIANÇA

	Diz "mamã" e "papá" indiscriminadamente (habilidade de comunicação).
8-15 meses	Faz sons que representam uma conversa e então progride para 2 palavras aos 15 meses de idade (habilidade de comunicação). Se for segurada por uma mão numa posição em pé, dá um passo ou dois (habilidade motora em fase inicial). Caminha segurando nos móveis (habilidade motora em fase inicial).Diz "ma-mã" na hora apropriada (habilidade de comunicação).
9-14 meses	Compreende a palavra "não"; segue ordens simples: "Dê isso para a mamãe"; "Bata palmas" (habilidade de comunicação).
10-12 meses	Reconhece pessoas familiares a uma distância de 6 metros ou mais (habilidade visual). É afetuosa diante de pessoas familiares (habilidade social/emocional). Intencionalmente observa pequenos brinquedos que são empurrados pelo chão até uma distancia de 3 metros (habilidade visual). Diz "da-da" na hora apropriada (habilidade de comunicação). Segura a colher, mas precisa de ajuda para usá-la (habilidade motora avançada).Aponta com o dedo indicador na direção do objeto desejado (habilidade motora avançada). Levanta-se e abaixa-se apoiada num móvel. Pode permanecer em pé por alguns segundos. Senta-se e permanece assim por um período indefinido de tempo (habilidade motora em fase inicial).

18 meses	Fala 6-20 palavras reconhecíveis (habilidade de comunicação). Gosta de rimas infantis (habilidade de comunicação). Gosta de ver livros com gravuras (habilidade de comunicação). Obedece a um pedido para entregar um brinquedo (habilidade de comunicação). Pode distrair-se sozinha, mas prefere estar perto de um adulto (habilidade social/emocional). Imita ações familiares tais como limpar o chão, ler um livro (habilidade social/emocional). Bebe num copo sem ajuda, e alterna o comportamento de dependência e independência de cuidados de alguém (habilidade social/emocional). Aponta para duas-três partes do corpo (olhos, ouvidos, nariz) numa boneca ou em si mesma (habilidade de comunicação). Aponta para objetos distantes do lado de fora (habilidade visual). Monta uma torre com três blocos após demonstração (habilidade motora avançada). Explora objetos mais freqüentemente com as mãos do que com a boca (habilidade motora avançada). Faz duas coisas ao mesmo tempo, tais como caminhar e carregar objetos (habilidade motora em fase inicial). Sobe numa grande cadeira, gira o corpo e consegue sentar-se (habilidade motora em fase inicial). Rasteja de costas quando desce escadas (habilidade motora em fase inicial). Indica sua necessidade de outras formas, além de chorar (habilidade de comunicação). Sozinha consegue caminhar e levantar-se bem (habilidade motora em fase inicial). Pega a bola e a rola de volta para você (habilidade social/emocional).

24 meses	Alimenta-se sozinha usando uma colher (habilidade social/emocional). Usa 50 ou mais palavras reconhecíveis e compreende cerca de 300 palavras (habilidade de comunicação). Pergunta: "Que é isto?" (habilidade de comunicação). Exige bastante atenção (habilidade social/emocional). Refere-se a si mesma pelo nome (habilidade de comunicação). Edifica uma torre de 6 blocos (habilidade motora avançada). Empurra brinquedo de rodas para frente e para trás (habilidade motora em fase inicial). Atira uma bola pequena (habilidade motora em fase inicial). Vira uma página de cada vez de um livro (habilidade motora avançada). Envolve-se com som de rimas e músicas infantis (habilidade de comunicação). É muito possessiva sobre brinquedos e não compartilha (habilidade social/emocional). Mastiga bem os alimentos (habilidade social/ emocional). Frustra-se facilmente, mas pode ser distraída rapidamente (habilidade social/emocional). Brinca perto, mas não com outras crianças (habilidade social/emocional). Compreende ordens e conversas simples (habilidade de comunicação). Nomeia pequenos brinquedos familiares a uma distância de 3 metros (habilidade visual). Gosta de livros de figuras, aponta os detalhes (habilidade visual). Sobe os degraus segurando as grades do corrimão (habilidade motora em fase inicial). Remove a embalagem de uma bala (habilidade motora avançada).

3 anos	Dá informações sobre si mesma quando perguntada: meu nome, minha idade (habilidade de comunicação/imagem). Conta até dez, mas não tem consciência de quantidade além de dois ou três (habilidade de comunicação/linguagem). Copia ao menos 2 figuras simples, tais como um círculo ou uma cruz (habilidade motora avançada). Desenha uma pessoa, embora as pernas possam estar ligadas a cabeça, ou os braços possam ser colocados junto às orelhas (habilidade motora avançada). Abre uma porta ao virar a maçaneta (habilidade motora avançada). Corre com controle e pode mudar a velocidade e direção (habilidade motora em fase inicial). Pula sobre um pé, preferencial até duas a três vezes consecutivas (habilidade motora em fase inicial). Gosta de falar ao telefone com alguém conhecido (habilidade de comunicação). Chuta uma bola em movimento e consegue prosseguir em contato com a bola de três a cinco vezes (habilidade motora avançada). Pedala um triciclo e faz curvas ao redor das esquinas e obstáculos (habilidade motora excelente). Pode vestir e despir-se, mas ainda precisa de ajuda com suéteres, botões e outros fechos (habilidade motora avançada). Gosta de jogos imaginários com outras crianças (habilidade social/emocional). Gosta de ter uma outra criança na casa para brincar com ela (habilidade social). Mostra grande consciência do nome das pessoas (habilidade social/emocional). Reconhece sentimentos dos

	outros tais como a alegria, tristeza ou ira (habilidade social/emocional). Aprende a compartilhar, esperar sua vez em brincadeiras, a dizer "por favor" e "obrigado" (habilidade social/emocional). Fala consigo mesma, usualmente sobre eventos recentes ou com personagens imaginários (habilidade de comunicação).Faz perguntas freqüentes que começam com "o que", "quem" e "onde" (habilidade de comunicação).
4 anos	Gosta de ouvir histórias e piadas simples (habilidade de comunicação). Sabe falar seu nome, idade e endereço quando perguntada (habilidade de comunicação). Consegue fazer uma torre com dez blocos ou mais (habilidade motora avançada). Toca os dedos do pé sem dobrar os joelhos (habilidade motora em fase inicial). Pula adiante cerca de 3 passos em cada pé (habilidade motora em fase inicial). Come com garfo e colher (habilidade social/emocional). Gosta da companhia de outras crianças (habilidade social/emocional). Sobe, escorrega, balança nos brinquedos do playground (habilidade motora em fase inicial). Compreende o conceito de esperar sua vez (habilidade social/emocional). Conta, através da repetição, até 20 (habilidade de comunicação).Conhece várias canções e versos infantis (habilidade de comunicação). Faz perguntas como: "por quê", "o quê", "como", "quando" (habilidade de comunicação). Caminha desembaraçadamente sobre uma faixa reta estreita (habilidade motora avançada).

5 anos	Gosta que leiam, contem estórias e as representem (habilidade de comunicação). Copia figuras de círculo, quadrado, cruz e letras maiúsculas: V, T, H, O, X, L, Y, U, C, A (habilidade motora e visual avançada). Sobe, balança e corre habilmente (habilidade motora em fase inicial). Corre levemente sobre os dedos (habilidade motora em fase inicial). Usa uma faca e garfo (ou utensílios para refeição) de forma competente (habilidade social/emocional). Seleciona seus próprios companheiros para brincar (habilidade social/emocional). Gosta de recitar e cantar rimas (habilidade de comunicação). Desenha uma casa com essas características: contorno, portas, janelas, chaminés, telhado (habilidade visual). Desenha uma pessoa com cabeça, braços, pernas, tronco e uma variedade de outros objetos, colocando nomes neles (habilidade motora e visual avançada). Pode permanecer apoiada em apenas 1 pé e pular 2 a 3 metros adiante, apoiada em cada pé (habilidade motora em fase inicial). Demonstra senso de humor (habilidade social/emocional).

APÊNDICE 2

CARACTERÍSTICAS DA CRIANÇA CONFORME A ORDEM DE NASCIMENTO

Em *The New Birth Order Book* (Grand Rapids, Michigan, Fleming H. Revell, 1998), o dr. Kevin Leman traz informações bastante úteis sobre o nascimento. Encorajo você a verificar esse auxílio. Aqui está um resumo de algumas dessas informações:

PRIMOGÊNITO		
Características típicas	**Pontos fortes**	**Pontos fracos**
Habilidade de liderança	Tem iniciativa, sabe o que fazer.	Pode minar a iniciativa daqueles que dependem muito dele, ou manifestar-se de forma muito dominadora ou agressiva.

Agressivo	Ganha o respeito; outros querem seguir sua liderança segura e inabalável.	Pode ser autoritário; insensível. Tende a ser egoísta; bastante focado no alvo e não preocupado o suficiente com o sentimento dos outros.
Dócil	Cooperativo; fácil de trabalhar em grupo, bom participante de equipe.	Podem levar vantagem sobre ele; intimidá-lo ou enganá-lo.
Perfeccionista	Sempre faz as coisas corretamente. Quando incumbido de uma tarefa, não deixa nada por fazer.	Tende a ser crítico de si mesmo ou de outros; nunca se satisfaz; pode demorar a tomar atitudes porque teme não fazer um trabalho bom o bastante.
Organizado	Tem tudo sob controle; sempre age adequadamente; pontual e conforme o programado.	Pode preocupar-se demais com a ordem, processo e regras, e não ser flexível quando necessário; pode mostrar impaciência com alguém que é "desorganizado" ou não é meticuloso; pode ficar descontrolado com surpresas.

CARACTERÍSTICAS DA CRIANÇA CONFORME A ORDEM DE NASCIMENTO

Dirigente	Ambicioso, toma iniciativa, é enérgico, desejando sacrificar-se para ser um sucesso.	Coloca a si mesmo ou a outros que trabalham com ele sob muita pressão e stress.
Meticuloso	Estabelece alvos e os alcança; tende a obter mais coisas realizadas num dia do que outras crianças; planejar o dia é um dever.	Pode tornar-se bitolado; bastante ocupado em cumprir a lista, ao invés de ter uma visão mais ampla do que é necessário fazer agora mesmo.
Lógico	Conhecido como alguém objetivo; como alguém que não é compulsivo ou despreparado.	Pode acreditar que ele sempre está certo e falhar em prestar atenção para opiniões mais intuitivas de outros.
Estudioso	Tende a ser um leitor voraz e acumulador de informações e fatos; bom solucionador de problemas que consegue enxergar as coisas.	Pode gastar muito tempo colecionando fatos quando há outras coisas necessárias a serem feitas; pode ser bastante sério e acaba falhando em ver o lado engraçado em situações em que o humor é muito necessário.

FILHO "DO MEIO"		
Características típicas	Pontos fortes	Pontos fracos
Cresce sentindo-se comprimido e desarraigado	Aprende a não ser explorado.	Pode tornar-se rebelde porque sente que não se ajusta.
Tem expectativas razoáveis	Porque a vida nem sempre é fácil, ele não se frustra, é realista.	Sendo tratado de forma injusta pode tornar-se desconfiado, cínico e até amargo.
Sociável	Relacionamentos são muito importantes; ele faz amigos e pretende mantê-los.	Amigos podem ser importantes demais; não ofendê-los pode encobrir sua opinião em decisões-chave.
Pensador independente	Deseja fazer as coisas de forma diferente; corre riscos. Age por conta própria.	Pode aparentar ser obstinado, resoluto, indesejoso de cooperar.
Transigente	Sabe como lidar com os outros, pode ser hábil para mediar discussões ou agir como conciliador.	Pode desejar obter a paz a qualquer preço; outros podem tirar vantagem sobre ele.
Diplomata	Pacificador, desejoso de ver as coisas funcionando bem, bom para ver as	Pode detestar o confronto. Freqüentemente escolhe não comparti-

Discreto	questões de ambos os lados. Pode ser confiável para receber informações delicadas, e é conhecido por guardar segredos.	lhar seus reais sentimentos e opiniões. Pode falhar em admitir quando precisa de socorro; sentindo-se bastante embaraçado.

FILHO CAÇULA

Características típicas	Pontos fortes	Pontos fracos
Confiante, seguro de si	Tem opinião própria, não teme tomar decisões.	Pode mostrar-se egocêntrico ao ser tratado pelos pais como centro do universo; também temeroso e ambivalente para tentar coisas novas.
Perfeccionista	Sempre faz as coisas corretamente; ao realizar um trabalho não deixa nada por fazer.	Tende a ser crítico de si mesmo ou de outros; nunca se satisfaz; pode adiar as coisas porque teme não fazer um trabalho suficientemente bom.
Organizado	Tem tudo sob controle; sempre age de forma adequada;	Pode preocupar-se demais com a ordem, processo e regras, e

	pontual e conforme o programado.	não ser flexível quando necessário; pode mostrar impaciência com alguém que é "desorganizado" ou não é meticuloso; pode ficar descontrolado com surpresas.
Dirigente	Ambicioso, toma iniciativa, é enérgico, desejando sacrificar para ser um sucesso.	Coloca a si mesmo ou a outros que trabalham com ele sob muita pressão e stress.
Meticuloso	Estabelece alvos e os alcança; tende a obter mais coisas num dia do que outras crianças; planejar o dia é um dever.	Pode tornar-se bitolado; bastante ocupado com cumprir a lista ao invés de ter uma visão mais ampla e o que é necessário a ser feito agora mesmo.
Lógico	Conhecido como alguém objetivo; pode ser conhecido como alguém que não é compulsivo ou despreparado.	Pode acreditar que sempre está certo e falhar em prestar atenção para opiniões mais intuitivas de outros.

CARACTERÍSTICAS DA CRIANÇA CONFORME A ORDEM DE NASCIMENTO

| Estudioso | Tende a ser um leitor voraz e acumulador de informações e fatos; bom solucionador de problemas que consegue enxergar as coisas. | Pode gastar muito tempo colecionando fatos quando há outras coisas necessárias a serem feitas; pode ser bastante sério e acaba falhando em ver o lado engraçado em situações em que o humor é desesperadamente necessário. |

Tabela adaptada de *The New Birth Order Book*, de Kevin Leman (Grand Rapids; Michigan, Fleming H. Revell, 1998).